一歩進める 英語学習・研究ブックス

イメージ感覚で捉える
英語の前置詞

39の前置詞を集中マスター

上田明子

開拓社

はじめに

なぜ前置詞？

　英文を読んだり，書いたりしている時に，単語や表現が分からなければ，その場その場で辞書を引けますし，ネットからの情報源もありますから，手間さえいとわなければ，不自由は感じません。理解・習熟に障害となるのは，冠詞と前置詞です。冠詞は無冠詞の用法を含めても3種類しかありませんし，前置詞も多用されるのは40以下です。数が少ないから，ひとつひとつの使用法が多岐にわたって理解が難しいのです。辞書を引くと，1つの前置詞に1ページという多量の説明があって，1つの前置詞に対し，意味の区分は20以上，それにイディオムが加わります。どの意味を選んだらいいか，戸惑いを感じることもしばしばです。

基本的意味とは

　前置詞の意味をどう扱えばいいかと考えているということを「英語の達人」たちに話すと，前置詞そのものよりイディオムが大切で，イディオムから入るべきという反論がたくさんありました。確かに，イディオムは重要ですが，最近の認知言語学[1]の研究によって，前置詞のそれぞれに基本的意味があり，基本的意味から分岐して，意味の発展を説明する研究が進んできました。「英語の達人」の疑問にもどって，前置詞には基本的意味があるのか，あるいは，イディオムを出発点にすべきなのかを問題にすると，まず，前置詞自体にどれほどの意味があるのかという質問に答えなければなりません。

　具体例を使って考えてみましょう。たとえば，生まれた年を尋ねられて，When were you born? に，(In) 1999. と答えるとします。かっこの中のinは省略できます。また，月や日の質問なら，(In) April. (On) the first. と，この場合にも，in, on がなくても答えになります。すると，前置詞には意味がないのでしょうか。

　一方，

(1) a.　The cat is under the table.
　　 b.　The cat is on the table.

(1) a. と b. では，猫の位置は全く違いますし，Where is the cat? と質問をした聞き手の行動が左右される違いです。

 (2) a. She got on the train.
   b. She got off the train.

(2) の場合も同様の違いです。この場合には，さらに，この違いを on と off にまかせて説明するのか，動詞 + on/off のイディオムと説明するのかという問題となります。イディオム扱いをして，get on は「乗る」，get off は「降りる」とすることも可能です。しかし，on と off の基本的意味を知っていれば，on と off の違いで，容易にこの 2 つの意味をとらえられるでしょう。

基本的意味を出発点に，まずイメージ，それから分岐図へ

 前置詞自体にそれぞれに基本的な意味があることを出発点としましょう。基本的意味を出発点として派生する他の意味を組み立てると，今まで複雑で規則性のないように思われた前置詞のたくさんの意味を整理することができます。

 まず，基本的意味をイメージで表現してみます。それから，派生する意味を分岐図で示します。この方法によって複数の意味を並列に示すのではなく，立体的に関連づけることができます。前置詞の意味の組織の根幹をついて，覚えやすく，使いやすくできるのです。

 分岐図を前置詞それぞれに書いてみると，多数の前置詞に共通の要素があるのがわかります。1. 場所，2. 時間，3. 関係の 3 つです。この分類も前置詞の理解の助けとなります。

 イディオムのいくつかも前置詞の基本意味から説明が可能です。言語は法則通りにはなかなかいきませんから，すべてを解決できないかもしれませんが，一つの効果的な解決法と思われます。この考え方による英語教授法の実験報告もあり，小規模ながら効果が証明されています。[2]

例文について

 基本的意味と，そのイメージ化からの発展のという実像を見るためには，意図的に作り上げた例文ではなく，実際に使われている英語の文が必要になります。このためのデータには，ロングマン英和辞典[3] の例文を使いました。この辞書は 3 億 3 千万語のアメリカ・イギリス英語のコーパス分析を基礎とし

て作られました。引用した文は，それぞれ単独の文ですが，実際の文脈の中で使われている文です。ロングマン英英辞典[4]からの引用も少数あるので，これは（LEE）と記し，その他，下記の文献のうち，*English Prepositions Explained* からの引用は（EPE）と記しました。それ以外は，ごく単純な語句以外はロングマン英和辞典の例文です。

(1) Tyler, Andrea: *Cognitive Linguistics and Second Language Learning. Theoretical Basics and Experimental Evidence*. Routledge. 2012.
　　Tyler, Andrea and Vyvyan Evans: *The Semantics of English Prepositions. Spatial scenes, embodied meaning and cognition*. Cambridge University Press. 2003.
　　Lindstromberg, Seth: *English Prepositions Explained*. Rev. ed. John Benjamins. 2010.（略記 EPE）
(2) Tyler, Andrea: *Cognitive Linguistics and Second Language Learning. Theoretical Basics and Experimental Evidence*. Routledge. 2012. pp. 154–165.
(3) 　ロングマン英和辞典　Pearson Education Limited. 2007.（略記 LEJ）
(4) 　Longman Dictionary of Contemporary English. Pearson. 2009.（略記 LEE）

各項の構成と使い方

各項の構成

A 前置詞 39 を，下記の I 〜 IX にまとめました。
  I 頻度の高い at, on, in と into
  II 方向を示す to, from, toward
  III 上下関係を示す over, above; below, under, down; up; upon
  IV 周り，近くを示す across, along, around, behind, beyond, near, off, outside, inside
  V 間を示す between, among, through, during
  VI 前後関係を示す after, before, until, since, by
  VII まとまりを示す of, with, within, without
  VIII 目的を表す for, against
  IX 「〜について」の about
練習問題　1, 2, 3, 4

B それぞれの前置詞について
 1. 基本的意味と，そのイメージ図
 2. 枝分かれ図
  基本的意味から派生する意味を，場所，時間，関係の 3 項目にわけ，例とともに図示
 3. 解説
  例文の訳と，解説。注意点の説明
 4. イディオム
  基本的意味と関連したイディオムの説明
 5. 「比較のトピック」
  類似した前置詞の比較，説明
 6. 「実例を読んで確認してみよう」

使い方

学習者の目的によって，いろいろな使い方ができます。

1. それぞれの前置詞の理解を深める
   B「それぞれの前置詞について」の順序を追って読み，学習します。
2. 辞書のように使う
   英文を読んでいて，意味・用法についてはっきりしない前置詞があった場合，その前置詞の項目を選び，理解に繋げます。
   英文を書いている場合も同様で，この場合には，「比較のトピック」が，特に役立ちます。2つの前置詞，例えば，with と of のどちらを使うかの判断ができます。
3. 練習問題として
   巻末に練習問題があります。さらに「実例を読んで確認してみよう」の例文は，練習問題としても活用できます。前置詞を省いた形で呈示して，適当なものを入れる練習です。
4. 教室で──先生方に
   それぞれの項目を教室で呈示し，また，練習問題として活用できるでしょう。
   英文解釈の場合には，文中の前置詞の位置付け・意味を **B** 1., 2. を使って説明し，確認し，記憶につなげます。
   英文を書く場合にも同様に，**B** 1., 2., さらに **B** 5. の「類似した前置詞の比較，説明」は役に立ちます。4. イディオムも参考になるはずです。
   6. の例文は，巻末の練習問題とともに，練習として使えます。

記号──表現の文体について

《話》会話体，話し言葉で
《文》書体，書く表現で
《インフォーマル》くだけた表現
《フォーマル》かしこまった表現

もくじ

はじめに　*iii*
各項の構成と使い方　*vi*

I　頻度の高い at, on, in と into

1. **at**　*2*
2. **on**　*7*
3. **in**　*15*

比較のトピック at, on, in　*21*
4. **into**　*24*
比較のトピック in, into　*28*

II　方向を示す to, from, toward

5. **to**　*30*
6. **from**　*35*
7. **toward**　*40*

比較のトピック to, toward, from　*43*

III　上下関係を示す over, above; below, under, down; up; upon

8. **over**　*46*
9. **above**　*51*
比較のトピック on, over, above　*55*
10. **below**　*57*
11. **under**　*60*
12. **down**　*65*
13. **up**　*68*
比較のトピック below, under, down, up　*71*
14. **upon**　*72*

もくじ ── ix

IV 周り・近くを示す across, along, around, behind, beyond, near, off, outside, inside

- ⑮ across 76
- ⑯ along 80
- ⑰ around 83
- ⑱ behind 87
- ⑲ beyond 91
- 比較のトピック behind, beyond 95

- ⑳ near 96
- ㉑ off 99
- ㉒ outside 102
- ㉓ inside 105
- 比較のトピック near, off, outside 108

V 間を示す between, among, through, during

- ㉔ between 110
- ㉕ among 115
- ㉖ through 118

- 比較のトピック between, among, through 122
- ㉗ during 123

VI 前後関係を示す after, before, until, since, by

- ㉘ after 128
- ㉙ before 134
- 比較のトピック after, before 138

- ㉚ until 139
- ㉛ since 142
- ㉜ by 144
- 比較のトピック until, by 149

VII まとまりを示す of, with, within, without

- ㉝ of 152
- ㉞ with 158
- 比較のトピック of, with 165
- 比較のトピック of, from 165

- ㉟ within 166
- ㊱ without 171
- 比較のトピック within, without 174

VIII 目的を表す for, against

㊲ **for** *176*
㊳ **against** *182*
比較のトピック for, against *187*

IX 「〜について」の about

㊴ **about** *190*
比較のトピック about, on *194*

練習問題 *195*

あとがき *203*
索　引 *205*

I

頻度の高い

at
on
in と into

1 at

イメージから入ろう！

なぜイメージから入ろうと主張するのでしょうか。

なぜ日本語の表現から入るという考え方をしないのでしょうか。それには理由があります。日本語では助詞があり，前置詞と似たものとして扱われます。しかし，日本語の助詞はじつにいろいろな意味・関係を表します。「の」を例に，英語の表現とも比べて考えてみましょう。

私の本	[著者]	the book I wrote／[所有] the books I own
駅のカフェ	[場所]	the café at the station
庭のバラ	[場所]	roses in the garden
午後の授業	[時間]	classes in the afternoon, afternoon classes
スプーン一匙の砂糖	[分量]	a spoonful of sugar
正方形の紙	[形状]	a square sheet of paper
木の箱	[性状]	a wooden box

これでは，日本語→英語の考察は無理です。at が表す例から，イメージを描いてみましょう。

1. 場所では
    ① **at** the top of the stairs（階段の上で）
        ☞ ある一点がはっきりしている場合です。
    ② Look **at** this picture.（絵を見て）
        ☞「ある一点に向かって」と視線を向ける。
    ③ The plane stops **at** Seoul on its way to Sydney.
        （飛行機はシドニーに行く途中でソウルに止まる）
        ☞ 途上の「一点」を示す。
    ④ There's someone **at** the door.（だれか戸口に来ています）[目的があって]
        ☞「戸口」という一点で，これは「目的を伴う」という含みもあります。
2. さらに時間の場合にも，「一点」を指します。
    8時に：**at** 8 o'clock
3. 関係の「一点」
    計量単位などで　100℃（の一点）で：**at** 100℃

☞ どれも,「一点」です。「一点にある／向かう／止まる」ですが,「一点」が基本であることが分かります。

そこで,一点を指すイメージを起点とします。

✎ at

基本的意味は「一点に集中」です。

イメージは： ①「接して」②「向かって」

目的語◯に①「接して」
②「向かって」と矢印は行動の方向をしめす。

1 場所

ⓐ **ある点（場所）に接して**
at the top of the stairs
I'll meet you **at** the station.

ⓑ **〜に向かって，〜をめがけて**
Look **at** this picture.
I grabbed **at** the rope but missed.

ⓒ **途上のある一点で**
The plane stops **at** Seoul on its way to Sydney.

ⓓ **活動の場に**
There's someone **at** the door.
I'll see you **at** the meeting.

活動・状態において： 冠詞のない場合
What did you do **at** school today?
at lunch / dinner / breakfast
She's really good **at** sports.
The two nations are **at** war.
Harris was a student **at** Harvard in the 1960's.

at
一点に集中

2 時間の一点

at 8 o'clock
She left school **at** 16.

3 関係：計量に

Water boils **at** 100 °C.
The car was going **at** 50 mph.

解説

1 場所

ⓐ ある点（場所）に接して：はっきりとわかる限定された場所を表す一点

at the top of the stairs（階段の上で）

☞ 「階段の（いちばん）上」ははっきりと示せる一点です。

I'll meet you **at** the station.（駅でお会いしましょう）

☞ 一点に焦点をあてたように，遠くから見て，広さを持った場所も一点と見ます。

ⓑ 〜に向かって，〜をめがけて：「一点」には届いていない場合

Look **at** this picture.（この写真を見てください）

I grabbed **at** the rope but missed.（ロープをつかもうとしたがだめだった）

☞ ある一点に向かって方向を示すので，その点に達していない場合にも用います。

ⓒ 途上のある一点で

The plane stops **at** Seoul on its way to Sydney.
（飛行機はシドニーに行く途中でソウルに止まる）

（ソウル）

☞ ソウルは大きな都市ですが，例文では，その広さは問題ではなく，ソウルに立ち寄ってということで，上の図にあるような見方をしています。旅行途上の一点を指す場合によく用います。

ⓓ 活動の場に：人を主語にある目的を持ったものとして

There's someone **at** the door.（EPE）（誰か戸口に来ています）

☞ ドアのところにいる人は，ただ立っているのではなく，訪問の目的で来ていると解釈します。

cf. A potted plant *by* the front door …（EPE）
　　（玄関のわきにある鉢植え（の植物））

　　☞ a potted plant は植物自体が目的を持っているはずはないので，ただ「わきにある」というように by を使うと説明されます。

I'll see you **at** the meeting.（会議で会いましょう）

活動・状況において：冠詞のない場合

What did you do **at** school today?（今日は学校で何を（勉強）したの？）

at breakfast / lunch / dinner（朝食〔昼食，夕食〕中に〔で〕）

☞ 冠詞のない慣用表現が多数あります。場所を表す名詞が，その場所で行われる行為と密接な関係を持つ場合です。例えば，at school は，学校と

いう場所は勉強をするところです。
　She's really good **at** sports.（彼女は本当にスポーツが上手だ）
　The two nations are **at** war.（二国は交戦中だ）
　Harris was a student **at** Harvard in the 1960's.
　（ハリスは 1960 年代にハーバード大学の学生だった）

2　時間の一点
　時間の場合も，一点を指します。
　　The movie starts **at** 8 o'clock.（その映画は 8 時に始まる）
　　She left school **at** 16.（彼女は 16 歳のときに学校を退学した）
　場所（1 ⓒ）と同様に，ある時間（16 歳）の中の一点と考えられる場合です。

3　関係：計量に
　一点を指すことから，計量単位の一点を指します。
　　Water boils **at** 100°C.（水は摂氏 100 度で沸騰する）
　　The car was going **at** 50 mph.（車は時速 50 マイルで走っていた）

●イディオム

　基本的意味からイディオムへの流れは，on のイディオム（p. 7）参照。イディオムとして別扱いにされるフレーズも，上に述べた「一点に焦点をあてる」という意味から解釈できます。

❶　**at your best／worst**「最高〔最悪〕の状態で（は）」
　　The garden is **at its best** in June.（LEE）（その庭は 6 月が最高です）
　　☞　the best で，その頂点にあることを意味します。

❷　**at the (very) most／latest**「多く〔遅く〕ても」
　　The work must be finished by Wednesday, **at the latest**.
　　（その仕事は遅くても水曜日までに終えなければならない）

I 使用頻度の高い at, on, in と into

実例を読んで確認してみよう！

(1) *Over the phone:*
"Hi, Sachi! How about going to see the fireworks this evening?"
"That's a great idea! Where shall we meet?"
"How about getting together at the station at 5:30?"
"Where in the station? It's a big place."
"At the top of the escalator. You know where I mean?"
"Sure. See you then!"

They met at the station and took a train to the river. A great variety of fireworks were set off at one-minute intervals. They were really magnificent.

Since there was a nice breeze it was cooler than in the daytime, but even so the thermometer stayed at 30°C.

（電話で：「こんにちは，さち。今晩花火を見に行かない？」「それはすてきね。どこで会う？」「駅で5時半はどう？」「駅のどこで？ 広いところだから。」「エスカレーターの上。わかるでしょう？」「わかった。じゃね」彼らは駅で会って，川岸まで電車で行った。とても多種類の花火が1分間隔で打ち上げられた。まさに見事だった。快いそよ風が吹いていたので，日中より涼しかったが，それでも温度計は摂氏30度を示していた）

・**at** the station「駅で」（1 ⓐ）
・**at** the top of ～「～の一番上で」（1 ⓐ）
・**at** ～ intervals「～の間隔を置いた点で」（2）
・**at** 30°C「摂氏30度で」（3）

(2) "What a beautiful garden! You have so many roses!"
"My mother likes gardening."
"She is certainly good at making things grow!"

（「なんと美しい庭でしょう。バラがとてもたくさん」「母がガーデニングが好きなのでね」「育てるのが本当にじょうずなのね」）

・good **at** -ing …「... することにおいて，が」（1 ⓓ）

2 on

イメージから入ろう！

　on の基本的なイメージを考えてみましょう。on のイメージは「接触」です。基本は下の図で表せます。

① The book is **on** my desk.（本は私の机の上です）

　「接触」の方向が自由なので，以下，どの関係も可能です。基本の延長と考えましょう。

② ... hung his jacket **on** the hook
　　（フック（の上）にジャケットをかけた）

③ the picture **on** page 25
　　（25 ページの写真）

写真はページの一部です。

④ a fly **on** a ceiling（天井（にとまった）ハエ）

ハエの位置は天井の下です。

⑤ the picture **on** the wall（壁の（に掛けた）絵）

絵は壁の側面に掛けてあります。

⑥ ... cut my hand **on** a piece of glass

ガラスの破片と手の接点が焦点となっています。

　どれも，一点への接触が基本なので，①を基本的なイメージとします。

✎ on

基本的意味は「接触」です。場所の on の後に来る名詞(句)が支える場となる場合（ⓐ, ⓑ, ⓒ, ⓔ）と，支えにならない場合（ⓓ, ⓕ）があります。

イメージは：「接触」

目的語 ━━━ に「接触」

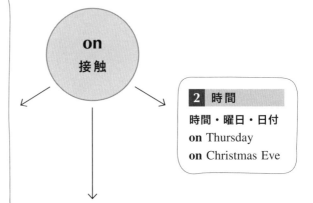

1 場所

ⓐ 表面に
The book is **on** my desk.

ⓑ 表面以外に
He hung his jacket **on** a hook.

ⓒ 一体化
the picture **on** page 25
She had a big smile **on** her face.

ⓓ 下に
a fly **on** the ceiling

ⓔ 側面に
the picture **on** the wall

ⓕ 接触が焦点
I cut my hand **on** a piece of glass.

ⓖ 交通手段
the passengers **on** the bus
It's time to get **on** the train.

ⓗ 近接
a small town **on** the Mississippi

2 時間

時間・曜日・日付
on Thursday
on Christmas Eve

3 関係

ⓐ ～に関する
a book **on** China
his influence **on** young people

ⓑ 一体化
My name wasn't **on** the list.

ⓒ 依存
They live mainly **on** beans and rice.

ⓓ 媒体
The movie is now available **on** video and DVD.

> **解 説**

on の前後の関係を，Ⓐ on Ⓑとして説明します。

1 場所

ⓐ **表面に**：Ⓑの表面上にⒶが接触し，「～（の上）に位置する」と，位置するものⒶは静止しています。

The book is **on** my desk.（その本は私の机の上にある）

ⓑ **平面以外**：動作を表す動詞の後に用いて，動作の結果「上にある」と表します。

He hung his jacket **on** a hook.（彼はジャケットをフックに掛けた）

☞ どちらの例でも，my desk と a hook が上に来るものを支えています。

ⓒ **ⒶはⒷと一体化してしまう場合**：「ⒶはⒷの上」と表されますが，ⒶはⒷの一部になっています。

the picture **on** page 25（25ページの写真）

She had a big smile **on** her face.（彼女は満面の笑みを浮かべていた）

☞ the picture はページの一部，smile も顔の一部です。

ⓓ **「下に」**

There is a fly **on** the ceiling.（天井にハエがとまっています）

☞ ハエの位置は天井の下です。下に接触の例です。

ⓔ **「側面に」**

the picture **on** the wall.（壁にかけてある画）

☞ 画は壁の側面に掛けてあります。側面に接触です。

ⓕ **接触が焦点**

I cut my hand **on** a piece of glass.（ガラスの破片で手を切った）

☞ Ⓐがガラス Ⓑ に接触して，手を切ったという場合です。

ⓖ **交通手段**

the passengers **on** the bus（バスの乗客）

☞ 乗客はバスに乗っているという状態です。

It's time to get **on** the train.（電車に乗る時間だ）

☞ 動作を表す動詞 get とともに on を使って，電車に乗ることを表します。

　cf.　She got **in** the car.　(LEE)

　　☞ car はバス，電車に比べて小さいので，in を使います。on the car では車の屋根の上となります。

ⓗ 近接関係：
a small town **on** the Mississippi（ミシシッピ川沿いの小さな町）（= by）
☞ 川，湖，海などについて，その「そばに」と近接を表します。

2 時間：時間・曜日・日付

The meeting was **on** Thursday.（会議は木曜日にあった）
on Christmas Eve（クリスマス・イヴに）
☞ every / next / last / this を使う場合には on は用いません：every Sunday．ただし on the morning of … のように，限定された場合には on を使います。

3 関係

場所の「(～の上に) 接触，のっている」ことから，「～（の上に）影響を与えている」という関係，さらに「～に関する，～に課せられた」の関係を表します。

ⓐ 「～に関する」：
a book **on** China（中国に関する本）
his influence **on** young people（若者に対する彼の影響力）
a tax **on** gasoline（ガソリンに対する税）

ⓑ 一体化： 1 ⓒ場所の「一体化」のように，ここでは関係の一体化となります。
My name wasn't **on** the list.（私の名前は名簿になかった）
☞ 名簿をみたら，そこには書いてなかったという具体的表現とも考えられますが，中心はその名簿に含まれてなかったことを表します。

ⓒ 依存： 資源や情報への依存関係も on で表します。
They live mainly **on** beans and rice.
（彼らは主に豆と米を常食としている）
Most buses run **on** diesel.
（たいていのバスはディーゼル油で走っている）
No one can live **on** $10 a week.（1 週間 10 ドルではだれも生活できない）
Are you still **on** antibiotics?（まだ抗生物質を服用していますか）

ⓓ 媒体： 媒体への依存関係です。
The movie is now available **on** video and DVD.
（その映画は現在ビデオと DVD で販売されています）

●イディオム

基本的意味の「**接触**」とイディオムとの関係をたどります。

　Most houses sit **on** a foundation.　(EPE)　(ほとんどの家屋は土台の上に立つ)

これは実際の家の姿を表してイディオムと考える必要はありません。家と土台の関係をさらに考えると、家はその土台に「接触」して、その上にしっかりした基礎を置いています。この意味、つまり「(その基礎に) 基づく、依存する、〜によって立つ」という関係がイディオムに現れます。

❶ 「基づいて」

　He damaged his car **on purpose**.　(EPE)
　(彼は意図的に自分の車を傷つけた)
　☞ purpose とともに、「(意図に) 基づいて」車を傷つけたわけです。

　Getting the job **depends on** your performance at the interview.　(EPE)
　(その仕事を得られるかどうかは、インタビューでの出来栄えによる)
　☞ この文では、動詞 depend とともに、on に「基づいて」の意味を表しています。

❷ 「〜と同時に」：基本的意味の「接触」から。《フォーマル》

　on doing sth 「(…) すると (すぐに) 行動」つまり「〜 ing に接触して〜する」

　What was your reaction **on seeing** him?
　(彼に会ったときどう思った？)

　さらに、「接触」から、接触した状態を表す表現があります。

　The house is **on fire**.　(家が燃えている)

　a soldier **on duty / guard**　(勤務中〔警戒中〕の兵士)　(EPE)

　on the run　(逃走中で)、 **on the move**　(成長〔発展して、移動して〕)　(EPE)

❸ 「重荷を負う」：「接触」の関係は、しばしば上下関係 (Ⓐ on Ⓑで、Ⓐは Ⓑの上にくる) の意味から、「重荷を負う、損害をこうむる」という関係の表現となります。

　Then the phone went dead **on** me.
　(そして私の耳元で電話が切れた)
　☞ 《インフォーマル》出来事・行為によって影響される人を示して「… に対して」などを意味します。

　There's a lot of pressure **on** me.　(EPE)
　(私に大きなプレッシャーがかかっている)

give up **on** sb/sth （… に見切りをつける）
She gave up **on** me. （EPE）
（彼女は私に見切りをつけた）
Shame **on** you!《話》（恥を知れ）

> [参考] on の有無で意味（の含み）が変わります。
> knock something （～に打撃を与える）
> knock **on** something （(表面を)ノックする）

> 実例を読んで確認してみよう！

(**1**) June sat down **on** one of the kitchen chairs. She noticed a buzzing noise. It was a fly. It flew up and settled **on** the ceiling above her. She opened a window and finally succeeded in driving it away.

　　As she was looking out, she saw her mother standing **on** the sidewalk talking with a neighbor who lived **on** the other side of the street. Her mother was loaded with grocery bags, so June ran out to help her.

　　（ジューンは台所の椅子に腰かけました。ブーンという音に気付きました。ハエでした。ハエは上へ飛んで天井にとまりました。彼女は窓を開けて，やっとハエを追い出すのに成功しました。

　　　外を見ると，お母さんがお向こうに住む隣人と歩道で立ち話をしているのが見えました。お母さんは買い物の袋をたくさん持っていたので，ジューンは手伝いに走ってでました）

- sit down **on** one of the … chairs「椅子の上にすわる」（①ⓐ）
- **on** the ceiling「天井に」位置では下側。（①ⓓ）
- **on** the sidewalk「歩道（の上）で」（①ⓐ）
- live **on** the other side …（向こう側に住む）（①ⓐ）

(**2**) After everything had been put in its proper place, June sat down in an armchair in the living room and turned on the television. A reporter appeared **on** the screen and began talking about drug addiction. June wanted to watch something else, so she opened the newspaper **on** the coffee table to the TV page. She didn't find anything she wanted to watch, so she turned the TV off and went to do her homework.

　　（すべてが適当な場所へと収められた後，ジューンは居間の安楽椅子に座りこんでテレビをつけました。アナウンサーが画面に現れて，麻薬中毒について話し始めました。ジューンは何か他のものを見たくて，コーヒーテーブルの上の新聞のテレビ欄を開きました。見たいものがなかったので，テレビを消して，宿題をしに行きました）

- appear **on** the screen「画面の上に現れる」実際は画面と一体。（①ⓒ）
- **on** the coffee table「コーヒーテーブルの上に」（①ⓐ）

14 ── Ⅰ 使用頻度の高い at, on, in と into

参考 turned on the TV / turned the TV off（テレビをつける，消す）の on は副詞。turn it on, turn it off と，動詞＋目的語＋on [off] の順序も可能です。

(3)　Sometime later, her mother came to her room to ask for help. She wanted to hang one of her paintings <u>on</u> the kitchen wall, but she wasn't sure exactly where to put it. It was from her last trip, when she had visited Easter Island and painted some of the Moai statues there.

　　（少し後で，お母さんが手伝ってもらいたいと彼女の部屋に来ました。お母さんは描いた絵の一枚を台所の壁に掛けたいと思っているのですが，どこにしたらいいのか迷っていたのです。その絵は，この前の旅行でイースター島へ行き，そこでモアイ像を描いたものです）

・**on** the ... wall「壁の<u>上に</u>」側面です。（1 ⓔ）

3 in

イメージから入ろう！

英語で in を使う例文を見ましょう。

> take a walk **in** the park（公園で散歩する）
> a small town **in** France（フランスの小さな町）
> She lives **in** Boston.（彼女はボストンに住んでいる）

以上の表現では，場所は大小いろいろですが，イメージは右図のように，どれも平面「の中」からです。箱や引き出し「の中」のように，立体「の中」，さらに時間を表す「四月（の中）で」in April, 関係を表す「陸軍（の中）で」in the army, 抽象的な「無言（の中）で」in silence と意味の広がりを見せますが，どれも「～の中」を基本として，in を使うことに着目しましょう。

in

基本的意味は「(広がり) の中に」です。「～の中に」を 1. 場所，2. 時間，3. 関係に分岐します。

1. 場所は，平面の中と，立体の中に 2 分します。
2. 時間は，「その時間の中に」の発展として，「以内に，その直後に」となります。
3. 関係は，具体的な関係から，抽象化，イメージ化します。

こう見てくると，多数の意味がある in の多義に関係付けができて覚えやすいでしょう。

イメージは：「〜の中に」

目的語 ◯「の中に」

in 〜の中に

1 場所
ⓐ 平面の中で
a walk **in** the park
a small town **in** France
ⓑ 立体の中に
in the top drawer
dark clouds **in** the sky

2 時間
ⓐ 時間の中で
We bought our car **in** April.
ⓑ 以内に
We finished the whole project **in** a week.
〜の後に
She's not in. Call back **in** 20 minutes.

3 関係
ⓐ 具体的なまとまりの中に
the first three chapters **in** the book
a captain **in** the army
ⓑ イメージ化された方法・状態・感情・媒体・数量・単位：
方法（スタイル）で
a room furnished **in** the modern style
状態で
I'm **in** a hurry.
感情で
She looked at me **in** horror.
媒体に
I read about it **in** the newspaper.
Her parents always talk to her **in** German.
数量・単位で
The test is **in** two sections.

解説

1 場所

ⓐ **平面の中で**：場所，地名などは，広がりの上の空間も含むのですが，広がりを平面として扱います。広がりは小さな場所から，大きな場所まであります。at と比較すると，at は，ある一点に焦点を当てるのに対し，in は「広がりの中」が基本です。

a walk **in** the park（公園での散歩）

a small town **in** France（フランスの小さな町）

She lives **in** Boston.（彼女はボストンに住んでいる）

ⓑ **立体の中に**

The scissors are **in** the top drawer.

（はさみはいちばん上の引き出しの中にあります）

☞ in the top drawer のように境界のある場合がある一方，次の例のように境界がはっきりしないものもあります。

dark clouds **in** the sky（空の暗雲）

Paul was sitting **in** an armchair.（ポールはひじ掛けいすに座っていた）

☞ armchair は，深々と座る深さがあるので，on でなく in を使います。

She sat down **on** a chair. と，堅いいすには，on です。

2 時間

ⓐ **時間の中で**：広がり（時間では長さ）のある時間・期間

☞ 夕刻，午前中など，1日の一部に，期間は，月と年に in を使います。

What time does she get home **in** the evening?

（夕方何時に彼女は帰宅しますか）

in the morning / afternoon / evening / night

（午前〔午後，夕方，夜〕に〔の間じゅう〕）

We bought our car **in** April.（私たちは4月に車を買った）

Shaw visited Russia **in** 1927.（ショーは1927年にロシアを訪れた）

ⓑ **以内に**：「以内に」は，その時間が「終わった頃に」，「それまでには」と，時間の終結点を示します。ある区分，例えば in a week であれば，1週間を終えるまでに，終える頃にはと，その範囲内に，ある事柄が終わることを意味します。

We finished the whole project **in** a week. (= within)

(我々は 1 週間でそのプロジェクトをすべて終えた)

☞ within を使うと，さらに限界をはっきりさせることができます。

状況によっては，時間の範囲のすぐ後を意味することがあります。

She's not in. Call back **in** 20 minutes. (EPE)

(彼女は今ここにいません。20 分たったらもう一度電話をしてください)

3 関係

ⓐ **具体的なまとまりの中**：1 冊の本，グループなどの中の一部，一員の場合です。

the first three chapters **in** the book (その本の最初の 3 章)

a captain **in** the army (陸軍の司令官)

☞ in の後には，多種の名詞が可能ですが，どの場合にも，in は「その中で」という共通性を保っています。

ⓑ **イメージ化された方法・状態・感情・媒体・数量，単位**：前項ⓐの延長として，ある範囲をイメージ化した方法・状態・媒体について「〜の中で」を表すものです。さらに，それらを構成する部分・単位もあります。

・**方法（スタイル）で**

a room furnished **in** the modern style (モダンな家具が備えられた部屋)

・**状態で**

I'm **in** a hurry. (急いでるんだ)

We waited **in** silence. (私たちは無言で待っていた)

in ＋名詞（冠詞なし）で状態を表す場合には，その場所で行われることを含みます。

in prison／school／church／college (刑務所〔学校，教会，大学〕に〔で〕)

in prison は，「刑務所内で」に加えて，「服役中で」のように名詞が表す内容を含みます。同様に，in school／college は「在学中で」の意味です。

・**感情で**

She looked at me **in** horror. (彼女は恐怖のまなざしで私を見た)

In my excitement, I forgot to have lunch

(興奮のあまり，昼食をとりそびれた)

・**媒体に**

I read about it **in** the newspaper. (それについては新聞で読んだ)

☞ 印刷された媒体ですが，実際に読んでいるのは，その内容です。「新聞

（の記事）で読んだ」の意味です。

Her parents always talk to her **in** German.
（彼女の両親はいつもドイツ語で彼女と話す）

a change **in** the law（法律の変更）

・**数量・単位で**

The test is **in** two sections.（テストは2部に分かれている）

● イディオム

基本的意味の「（広がり）の中に」と関係づけられます。

in time「間に合って」

Will you be back **in time** for dinner?
（晩ご飯に間に合うように帰ってこられる？）

on time, over time と比べて，セットで覚えましょう。

in は「〜の内に」： in time（間に合って）

on は「（接するように）その点で」： **on time**（ちょうどその時間に）

Did you get there **on time**?（時間どおりに着きましたか）

over は長さのある「〜にわたって」：

over lunch（昼食をとりながら〔の間に〕）

Let's discuss the contract **over lunch**.
（昼食をとりながら契約について話し合いましょう）

I 使用頻度の高い at, on, in と into

> 実例を読んで確認してみよう！

(1) "How's your paper coming?" my teacher asked.

"I think I can finish it in a week," I answered. I had already spent many evenings in the library. Though the paper was to be written in English, I had to read newspaper articles in French and German and one book in Spanish, which took a lot of time. After all that hard work, I still had to summarize what I'd read, and write my comments.

（「論文の進行状況はどうですか？」と，先生が尋ねた。

「1週間以内に終えると思います」と私は答えた。私はすでに図書館で幾夜もすごしていた。論文は英語で書くことになっていたが，フランス語，ドイツ語で新聞の記事を読み，スペイン語で本を一冊読まなくてはならず，時間が長くかかった。その厳しい作業の後，さらに読んだものの要約を書き，コメントを書かなければならなかった）

- **in** a week「時間の〜以内に」（2 ⓑ）
- **in** the library「場所の〜の中で」（1 ⓑ）
- **in** English, **in** French and German, **in** Spanish「媒体〜で」（3 ⓑ）

(2) Kakapos are plump green parrots found in New Zealand. There were many of them there before the Maoris and then the English people arrived. Kakapos cannot fly. They move slowly and nest on the ground. Therefore they were easy prey to the rats, cats and other animals which came with the newcomers. Their number dwindled rapidly. In the 1970s they were thought to be extinct, although that turned out not to be true.

（カカポはニュージーランドで発見された，ふっくらした緑色のオオムです。マオリ族，そして次にイギリス人たちがやって来るまでは，その地にたくさんいました。カカポは飛べません。ゆっくり動き，地上に巣を作ります。そのせいで，新住人達とともにやってきたネズミ，猫，その他の動物にとってたやすい獲物でした。カカポの数は激減しました。1970年代には絶滅していると考えられていましたが，後にそうではなかったことがわかりました）

- **in** New Zealand「場所の中で」（1 ⓐ）
- **in** 1970s「時間の中で」（2 ⓐ）

比較のトピック at, on, in

at と in

at は，視線をある一点に向けます

場所を示す場合には，「限定された狭い場所」となります。

　At the top of the stairs she paused.（階段の上で彼女は一休みした）［下の図①］

さらに，図②のように，広い場所でも，それを遠くから集中して見るように，焦点を絞っている場合があります。

　I'll meet you **at** the station.（駅でお会いしましょう）

図：　①　　　　②

「〜に向かって」の意味では，
距離を置いて指すある一点です。
Look **at** this picture.（この写真を見てください）
The plane stops **at** Seoul on its way to Sydney.
（飛行機はシドニーに行く途中ソウルに止まる）［途上の一点を指す場合によく使います］

in は場所の広がりを前提に，その「中で」の意味になります。

例えば「駅の中で」の場合は，in を使います。

　There is a coffee shop **in** the station.（駅にはコーヒーショップがあります）

in the station は，ある広がりを持った「駅の構内に」ということで，in を使いますが，at the station「駅で」なら，話者と聞き手は，駅のある場所を共通の理解項としている場合です。もし詳細が必要ならば，"Where in the station?"（駅のどこで？）と問い，答えは "At the east ticket gate."（東改札口でね）のように特定します。

行為の目的を含む場合もあります。
I waited **in** the doorway. (EPE)（私は戸口で待った）
There's someone **at** the door. (EPE)（誰か戸口にいる）

in the doorway の場合には、「戸口に」と、空間としての場所を表すのみです。

at the door では、場所とともに、「訪ねてきている」という行為の目的の意味を含みます。

at と **on**

次の2文を比較しましょう。どちらも、「交差点に人がいる」という場合です。

Someone at a street corner. (EPE) ①
Someone on a street corner. (EPE) ②

交差点にいる人を、比較的近くから見て、人がだれかわかる程度の場合は on となります。点のように見える時は at です。on は、広さについては特定しません。平面への接触が要点です。

The plane made a smooth landing **on** the runway.
（飛行機はスムーズに滑走路に着陸した）［着陸はまさに、滑走路への接触です］

on と **in**

「いすに座る」の表現で

Dave sat down **on** a chair by the fire.（デーブは暖炉のそばのいすに座った）
He sat **in** his favorite armchair.（彼はお気に入りのひじ掛いすに座った）

in a chair / an armchair は、「大きくて柔らかいいす」に、on a chair は「堅いいす」に対して用いると説明されますが、on と in の特徴から、in の場合には、「深々といくらか身を沈めて（部分的に中に入って）すわる」と説明し、on では、いすの「上に座る」と説明できます。

時間について：at, in, on

　　at は，この場合も決まった一点です。
　　　at 8 o'clock
　　　She left school **at** 16.
「16 歳」の期間は 1 年あるわけですが，その「年齢（のある一点）」でという意味です。これも遠くから見た焦点の当て方に通じます。

　in は，ある長さの時間の「中で」，「以内に」，その「直後で」と，長さが前提となります。1 日のうちの「ある時間帯」は in the morning／afternoon のようになります。

　on は時間帯・日付・曜日などが，序数詞や，of 〜 句などによって限定された場合に用います。

　つまり in は in the morning と限定されない場合で，「午前中に」とある長さを持った期間，on は限定のある場合です。
　　　on Christmas Day／the morning of the first day (EPE)
　　　in the afternoon／night we arrived (EPE)

4 into

基本的意味は「～の中へ（の動き）」を表します。① 場所へ〔に向かって〕，② 時間へ〔向かって〕，③ 状態へ向かって〔変化させて〕と動きを表します。in (～の中に) + to (～へ) です。

イメージは：
　動作の変化を伴って「～の中へ」と視覚化しましょう。

目的語 ○「の中へ」

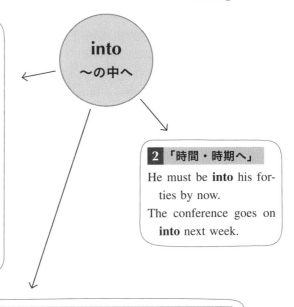

1 場所

ⓐ「場所の中へ」
She walked **into** the kitchen.
He drove **into** the lamp-post.

ⓑ「向かって，その中へ」
She spoke **into** the microphone.
Be good, and don't get **into** trouble.
They decided to go **into** business together.

2 「時間・時期へ」

He must be **into** his forties by now.
The conference goes on **into** next week.

3 「関係（状態など）～へと変えて，変化させて」

The book has been translated **into** Japanese.
We changed our dollars **into** euros.

解説

1 場所
ⓐ 「場所の中へ」
She walked **into** the kitchen.（彼女は台所の中へと入って行った）
He drove **into** a lamppost.（彼は車を街灯柱にぶつけてしまった）
☞ into を使って,「ぶつけて,街灯柱に食い込んでしまった」を表します。

ⓑ 「〜に向かって,その中へ」
She spoke **into** the microphone.（彼女はマイクに向かって話した）
Be good, and don't get **into** trouble.
（いい子にして悪さをしないようにね）
They decided to go **into** business together.
（彼らは会社を共同経営することを決めた）

2 「時間・時期へ」
He must be **into** his forties by now.
（彼はもう40代になっているに違いない）
The conference goes on **into** next week.（会議は来週まで続く）

3 「関係（状態）〜へと変えて,変化させて」
The book has been translated **into** Japanese.
（その本は日本語に翻訳されている）
We changed our dollars **into** euros.（ドルをユーロに両替した）
☞ ユーロを変化させてドルに替えた。

割り算で
Eight **into** twenty-four is three.（24 割る 8 は 3）

◆ イディオム

基本的意味の「〜の中へ」から,「その中へはまりこんで」という意味が生じます。

be into sth《話》「〜に熱中している」
He's really **into** soccer.（彼はすっかりサッカーにのめり込んでいる）
be into everything（何にでも好奇心を示す）

実例を読んで確認してみよう！

(1) I love Haruki Murakami's works. I feel with the characters in them. Some of his novels have been translated <u>into</u> Chinese, and they are very popular with young people there.

> （私は村上春樹の作品が大好きです。その中の人物と共感します。彼の小説の何冊かは中国語に翻訳され，若者の間でとても人気があります）

・translated **into** Chinese「中国語に訳されて」「～へと変えて」（3）

(2) Five of us had a surprise party for Jane yesterday. Kate kept her away from the place where we were preparing for the party, so Jane was really surprised. The instant she stepped <u>into</u> the room, we all cried, "Happy Birthday, Jane!"

　　There was a big cake with colorful candles on it. She blew out the candles and cut the cake <u>into</u> six big pieces, one for each of us. It was a happy afternoon.

> （私たち5人は昨日ジェーンのためにサプライズ・パーティをしました。ケイトは私たちがパーティを準備している場所からジェーンを遠ざけていました。それで，ジェーンは本当に驚きました。彼女が部屋に入ってきた途端に，私たちは「ジェーン，お誕生日おめでとう！」と叫びました。
>
> 　カラフルなろうそくを立てた大きなバースデーケーキがありました。彼女がろうそくを吹き消して，私たちそれぞれに一つになるように，ケーキを大きな6つに切り分けました。楽しい午後でした）

・step **into** the room「場所の中へ」（1 ⓐ）
・cut ... **into** six ... pieces「状態を～に変えて」（3）

(3) I saw my brother walk <u>into</u> the kitchen. I went after him, but he wasn't there. I wonder how he got away without being seen!

> （私は弟が台所へ入って行ったのを見ました。後をついて行ってみると，彼はそこにいませんでした。どうやって姿を消したのでしょうか）

・walk **into** the kitchen「場所の中へ」（1 ⓐ）

(**4**) On the entrance examination that I took in March, we had two sentences to translate into English.

(3 月に受けた入学試験では，2 つの文を英語に訳すことがありました)

・**into** English「〜へと変えて」(3)

(**5**) The professor talked in a low voice. However, he used a microphone and spoke right into it, so we could hear him very clearly.

(教授は低い声で話しました。しかしマイクに向かって話したので，わたし達には，はっきり聞こえました)

・**into** it「〜に向かって，その中へ」(1 ⓑ)

比較のトピック in, into

in が，境界のある平面や立体の中にあることを示すのに対し，**into** は，その中への移動を示します。時間についても，ある時間・時期の中へとなり，また，状態などの変化（の中）へと発展します。

  We got **in** the car.（私たちは車に乗った）

  We got **into** the car.（私たちは車に乗り込んだ）

in と比べて，into は，「車の中に入った，乗り込んだ」という動作に焦点をあてます。次の2文も，面白い例です。

 (a) They jumped **in** the train. (EPE)

 (b) They jumped **into** the train. (EPE)

(a) では，「列車に飛び乗った」，「列車の中でジャンプをした」の両方が可能です。(b) では，「～飛び乗った」ことがはっきりします。

Ⅱ 方向を示す

to

from

toward

5 to

基本的意味は「到達点へ（の到着）」となります。

to の特徴として，Ⓐ「主語が到達点へ」という場合と，Ⓑ 他動詞により，「目的語を到達点へ」という場合があります。

Ⓐ　S ↘
Ⓑ　S V● ↘ ○

目的語○へのⒶ「到達」とⒷ動詞の目的語を○へ到達させる。

イメージは：「到達点へ」

（中央円）to 到達点へ

1 場所

Ⓐ **主語が到達点へ**
ⓐ **場所など具体的な到達点へ**
We're going **to** France next month.
She walked **to** the window.
ⓑ **非具体的な到達点へ**
Can you count **to** ten?
ⓒ **到達点は状態**
The green light changed **to** red.
The temperature dropped **to** 5 degrees.
ⓓ **到達点（人）にとってそう思われる**
Her advice seems sensible **to** me.

Ⓑ **主語が目的語を到達点へ**
ⓐ **目的語は具体物**
He sent presents **to** the children.
He tied the rope **to** a tree.
ⓑ **目的語は状態を表す**
She sang the baby **to** sleep.
The story reduced us **to** tears.

2 時間

They stayed from Friday **to** Monday.
It's ten **to** five already.

3 関係

ⓐ **到達点（人）に対する関係**
He's an assistant **to** the manager.
ⓑ **到達点は想定上のもの：「〜へとめがけたもの」**
the keys **to** my apartment
the answer **to** this question
ⓒ **到達点は「〜の方向に」**
a town **to** the south of Memphis
She turned her back **to** me.
ⓓ **次の単位に関して**
The car will do over 40 miles **to** the gallon.
a ratio of 15 **to** 1
ⓔ **「原因となって，〜とともに」**
I woke **to** the sound of heavy rain.

解説 (to 不定詞に使われる to はここでは扱いません)

1 場所

Ⓐ **主語が到達点へ**

ⓐ **場所など具体的な到達点へ**

We're going **to** France next month. (私たちは来月フランスへ行きます)

She walked **to** the window. (彼女は窓まで歩いて行った)

Are you coming **to** my party? (うちのパーティに来てくれる？)

She goes **to** gymnastics every Friday. (彼女は毎週金曜日に体操教室に行く)

☞ パーティという行事, 体操の行われる所を到達点としています。

ⓑ **非具体的な到達点へ**

Can you count **to** ten? (10 まで数えられる？)

Prices range from $80 **to** $200. (値段は 80 ドルから 200 ドルまであります)

☞ 10 という数字, 値段の数字など, 抽象的な話題が到達点として挙げられます。

ⓒ **到達点は状態**

The green light changed **to** red. (青信号が赤に変わった)

☞ 到達点は信号の色,「赤(信号)」が到達点です。

The temperature dropped **to** 5 degrees. (気温は 5 度まで下がった)

☞ 5 度という数字そのものではなく, その気温の状態が到達点です。

ⓓ **到達点(人)は受け手**

Her advice seems sensible **to** me. (彼女の忠告は私にはもっともに思える)

☞ 人を指す名詞, 代名詞を到達点として, その人にとって「～と思われる」という意味になります。

Much **to** everyone's surprise, she passed the test.

(みんながぎょうてんしたことに彼女は試験に受かった)

Ⓑ **主語が目的語を到達点へ**

ⓐ **目的語は具体物**：send, show などの動詞の目的物を, 到達点の人, 物などに「...を(送る, 見せる)」という to の典型的な用法のひとつです。

He sent presents **to** the children. (彼は子供たちにプレゼントを送った)

Don't show these letters **to** anyone else. (LEE)

(これらの手紙はほかの誰にも見せないでね)

He tied the rope **to** a tree. (彼は木にロープを結んだ)

I've done something **to** the computer.

（コンピュータに何かやらかしてしまった）
What did she say **to** you?（彼女は君に何て言ったの？）

ⓑ 目的語は状態を表す：動詞の目的語が to の後の動詞あるいは名詞の状態に到達することを表します。

She sang the baby **to** sleep.（彼女は歌を歌って赤ちゃんを寝かしつけた）
The story reduced us **to** tears.（その話を聞いて私たちは涙が出た）

2　時間

They stayed from Friday **to** Monday.（彼らは金曜から月曜まで滞在した）
It's ten **to** five already.（もう 5 時 10 分前だ）
It's only two weeks **to** Christmas.（クリスマスまであと 2 週間しかない）

3　関係：2 つの名詞間，動詞（形容詞）と名詞間の関係

ⓐ 到達点（人）に対する関係

He's an assistant **to** the manager.（彼はマネージャーのアシスタントです）
She's married **to** a Frenchman.（彼女はフランス人と結婚している）
☞ ここでは，to は，到達点に対する関係を表します。
She's very mean **to** her brother.（彼女は弟に対してとても意地悪だ）
☞ 形容詞の mean to で，目的語の人に対する態度も表します。

ⓑ 到達点は想定上のもの：「〜へとめがけたもの」

the keys **to** my apartment（アパートのかぎ）
the answer **to** this question（この問題の答え）
☞ 鍵は，実際上どこにあっても（ポケットの中でも）錠を到達点と想定しているものです。答えと質問の関係も同様です。

ⓒ 到達点は〜の方向に

a town **to** the south of Memphis（メンフィスの南方にある町）
She turned her back **to** me.（彼女は私に背を向けた）
☞ 動作として，背を向けている場合です。
cf. turn your back **on** sb（援助を断る，拒絶する）［具体的な行動から］

ⓓ 次の単位に対して：数，ないし相当語句に対する関係を表します。

The car will do over 40 miles **to** the gallon.
（その車は 1 ガロンで 40 マイル以上走ります）
a ratio of 15 **to** 1（15 対 1 の比率）
There are sixteen ounces **to** a pound.（1 ポンドは 16 オンスに相当する）

We need five **to** a team.（1 チームにつき 5 人必要だ）
Children sleep three **to** a room.（子供たちは 1 室に 3 人ずつ寝ます）
The Falcons won the game 27 **to** 0.（ファルコンズが 27 対 0 で勝った）
I'll bet you 50 **to** one he doesn't come.
（50 対 1 で彼が来ないほうに賭けるよ）

(e) 「原因となって，〜とともに」
I woke **to** the sound of heavy rain.（目が覚めると激しい雨の音が聞こえた）

●イディオム

❶ 到達点の to から「場所の独り占め」を表します。
have sth (**all**) **to yourself**「(...) を独り占めにする」
We **had** the beach **to ourselves**.
（ビーチは私たちの貸し切り状態だった）

❷ 関係の to から「比較」を表します。
be nothing (**compared**) **to** sth「(...) とは比べものにならない」
This **is nothing to** what we suffered during the war.
（戦時中の苦難に比べたらこんなことは何でもない）

II 方向を示す to, from, toward

実例を読んで確認してみよう！

(1) I'm flying to Boston on Monday. It is a direct flight from Narita and will take about thirteen hours.

　I'm going to participate in a summer study program that will be held on a university campus near Boston. It will last from July 20 to August 20. From Monday to Friday we study with American teachers, and on the weekends we'll visit various places like museums and art galleries. We'll also go to see the Mayflower, the ship on which the Pilgrim Fathers came to the New World from Europe, and Pilgrim Village, a recreation of an old village from the seventeenth century.

　One of my cousins is married to an American and lives near Boston. She has invited me to visit their place, and I'm eager to go. They have two young children, and it'll be fun to play with them.

　　（次の月曜日にボストンへ飛びます。成田からの直行便で約13時間かかります。

　　ボストンの近くの大学のキャンパスで開かれる夏の講習プログラムに参加する予定です。講習は7月20日から8月20日まで続きます。月曜日から金曜日の間はアメリカ人の先生と勉強し、週末は博物館や美術館など、いろいろの場所を訪ねます。ヨーロッパから新世界へとピルグリム・ファーザー達を乗せてきた船のメイフラワー号、17世紀からの古い村のピルグリム・ヴィレジを再現した所にも行きます。

　　私のいとこの一人がアメリカ人と結婚していて、ボストンの近くに住んでいます。彼女は私をその家に招待してくれたので、私はぜひ行きたいと思っています。小さい子供が2人いて、その子たちと遊ぶのは楽しいでしょう）

・**to** Boston「場所の～へ」（1Ⓐⓐ）
・from July 20 **to** August 20, from Monday **to** Friday「時間の～から～まで」（2）
・**to** the New World「場所の～へ」（1Ⓐⓐ）
・married **to**「関係の～と〔に〕」（3ⓐ）

6 from

基本的意味は「～から」です。

① 起点は，ⓐ 実際の場所の表現から，起点としてのⓑ（アイデア，出身などの）出どころ，送り手，ⓒ 原因，ⓓ 材料に及びます。② 時間，③ 関係は，ⓐ 相違，ⓑ 選択，ⓒ 分離，ⓓ 遊離，ⓔ 禁止と広い範囲に及びますが，いずれも，基本的意味から由来します。

イメージは：「～から」　　目的語 ○「から」

from
～から

1 場所

ⓐ （実際の）場所から
the train **from** Toronto
a lamp hanging **from** the ceiling
We live about 5 mile **from** Boston.

ⓑ （アイデア・出身などの）出どころ，送り手
She got the idea **from** her sister.

ⓒ 原点・原因・判断の基準
The story has been translated **from** French.
I was exhausted **from** the journey.

ⓓ 原料・材料
The house is built **from** local stone.
Bread is made **from** flour, water, and yeast.

2 時間

The shop will be open **from** seven o'clock.
from morning till night

3 関係

ⓐ 相違
She's quite different **from** her sister.

ⓑ 選択
There are many different colors to choose **from**.

ⓒ 分離
The children had been separated **from** their mothers.
Subtract three **from** fifteen.

ⓓ 遊離
Take a break **from** your work.
I need a rest **from** traveling.

ⓔ 禁止
Thomson has been banned **from** future sporting events.

解説

基本的意味の「～から」は，それぞれの起点からの動きとなります。起点は平面，立体，さらに抽象的な起点もあります。

1 場所

ⓐ （実際の）場所から

the train **from** Toronto（トロント発の列車）
a lamp hanging **from** the ceiling（天井から下がっているランプ）
We live about 5 miles **from** Boston.
（ボストンから5マイルほど離れた所に住んでいます）
From the top of the hill, you can see for miles.
（丘のてっぺんからは遠くまで見渡すことができますよ）

ⓑ （アイデア，出身などの）出どころ，送り手

She got the idea **from** her sister.（彼女はそのアイデアを姉から教わった）
I'm **from** Texas.（出身はテキサスです）
☞ いわゆる「出どころ」を起点として，その出どころ，出身地などが含まれます。

ⓒ 原点・原因・判断の基準

The story has been translated **from** French.
（その物語はフランス語からの翻訳だ）
I was exhausted **from** the journey.（長旅のせいで疲れ切っていた）
deaths **from** heart disease（心臓病による死）
From what I've read, the company seems to be in difficulties.
（私が読んだところでは，その会社の経営は苦しいようだ）
These changes are good **from** my point of view.
（私の考えからすればこうした変化は好ましい）

ⓓ 原料・材料

The house is built **from** local stone.（その家は地元産の石材でできている）
Bread is made **from** flour, water, and yeast.
（パンは小麦粉と，水，イーストでできている）

2 時間

The shop will be open **from** seven o'clock.（当店は7時開店でございます）

from morning till night（朝から晩まで）

My birthday is two weeks **from** today.（私の誕生日は今日から 2 週間後だ）

☞ 日にち，時間，時期など広い範囲の起点が可能です。

3 関係： 相違・選択・分離・遊離・禁止

起点からの動きが基本なので，起点からの相違・選択・分離・遊離・禁止があります。

ⓐ 相違

She's quite different **from** her sister.（彼女はお姉さんとは性格が全然違う）

☞「お姉さんと比べると（その違いは ...）」と，起点はお姉さんです。

ⓑ 選択

There are many different colors to choose **from**.

（たくさんの色から選べるようになっている）

☞ 構文を下のように変えてみるとはっきりします。

You can choose **from** many different colors.

ⓒ 分離

The children had been separated **from** their mothers.

（その子供たちは母親から引き離されていた）

Subtract three **from** fifteen.（15 から 3 を引きなさい）

ⓓ 遊離

Take a break **from** your work.（ちょっと一休みしなさい）

I need a rest **from** traveling.（旅を控える必要がある）

We're a long way **from** finishing this project.

（そのプロジェクトの終わりなんてまだまだ先の話だ）

☞ 活動や仕事などを起点に，それから離れるイメージです。

ⓔ 禁止

Thomson has been banned **from** future sporting events.

（トムソンは今後のスポーツ大会への参加を禁じられている）

☞ 離脱の最もはっきりした形が禁止となります。

II 方向を示す to, from, toward

> 実例を読んで確認してみよう！

(1) Every morning I take a train from Higashi Station to Minato Station, and from there it is a five-minute walk to my school.
　　On Tuesdays and Fridays, I take ballet lessons after school. The dance studio is a long way from school, so sometimes I have to rush to arrive on time. These hard lessons last from 4:30 to 6:00. I often feel exhausted from my physical effort, but the dancing practice is refreshing, too.

　　（毎朝，私は東駅から港駅まで電車で行き，そこからは学校までは5分の歩く距離です。
　　火曜日と金曜日は，放課後，バレーのレッスンに行きます。ダンス・スタジオは学校から遠いので，時々，間に合うように大急ぎで行かなくてはなりません。きついレッスンは4時半から6時まで続きます。運動でしばしばへとへとになりますが，ダンスの練習は心身をすっきりとしてもくれます）

・**from** … Station, **from** there, **from** school「場所の〜から」（①ⓐ）
・**from** 4:30「時間の〜から」（②）
・**from** my physical effort「原点・原因の〜から，〜で」（①ⓒ）

(2) I like detective stories, especially those written by Agatha Christie. I'm reading one of her works right now. The novel I have was translated from English into Japanese. My teacher told me that Christie's English is easy to read. Next time I'd like to read one of her books in the original.

　　（私は探偵小説，特にアガサ・クリスティが書いたものが好きです。ちょうど今，その作品の1つを読んでいます。ここにある小説は英語から日本語へ翻訳したものです。私の先生はクリスティの英語は読みやすいと話してくれました。次の機会には，彼女の本の一冊を原文で読んでみたいと思います）

・**from** English「原点〜からの」（①ⓒ）

(3) "This green juice is good. What is it made from? We didn't have any green fruit here, did we?"
　　"It is made mainly from barley leaves."

"Really? It doesn't taste like leaves at all."
"Anyway, it's supposed to taste good and keep you healthy."
(「この緑色のジュースは美味しい。何からできているの？緑色のフルーツなんてなかったでしょう？」
「大麦の葉が主な原料です」
「本当？葉っぱの味などちっともしないけれど」
「とにかく，美味しくて，健康にいいはずです」)

・made **from**「原料の〜から」(① ⓓ)

(**4**) Those are good-looking bags. I'd really like to have one. There are seven colors to choose from, and I can only afford to buy one. Which one shall I get?
(美しいバッグね。ほんとに 1 つ欲しいね。7 つの色から選べるけれど，1 つしか買う余裕がありません。どれを選びましょうか)

・choose **from**「選択の〜から選ぶ」(③ ⓑ)

7 toward

基本的意味は「～に向かって」を表します。その方向についての制限はありません。①「場所のほうへ」向かうことから，さらに「～の近くに，～のほうへ」となります。②時間，③関係についても同様です。

イメージは：「～に向かって」

目的語 ○「に向かって」

① 場所

ⓐ 「～のほうへ」
Two policemen were coming **toward** him.
I looked **toward** the door.

ⓑ 「～の近くに，～のほうに」
We sat **toward** the front of the plane.

toward
～に向かって

② 時間

「～に向かって，～の近くに」
The weather will turn brighter **toward** the end of the week.

③ 関係

ⓐ 「～に対し，～に向かって」感情など
his anger **toward** his parents

ⓑ 「～に向けて」より抽象的に
Both sides are working **toward** an agreement.
How much of the cash goes **toward** expenses?

> 解 説

1 場所
(a) 「〜のほうへ」
Two policemen were coming **toward** him.
(2人の警察官が彼のほうに向かってきた)
I looked **toward** the door. (ドアのほうを見た)

(b) 「〜の近くに，〜のほうに」
We sat **toward** the front of the plane.
(飛行機の前方に座った)

2 時間
「〜に向かって，〜の近くに」
The weather will turn brighter **toward** the end of the week.
(週末前には天気はよくなるでしょう)

3 関係
(a) 「〜に対し，〜に向かって」感情など
his anger **toward** his parents (両親に対する彼の怒り)
I feel very bitter **toward** the government.
(政府に対して非常に怒りを感じている)

(b) 「〜に向けて」より抽象的に
Both sides are working **toward** an agreement.
(両者とも合意に向けて努力している)
How much of the cash goes **toward** expenses?
(どのくらいの現金が費用に充てられますか)

II 方向を示す to, from, toward

> 実例を読んで確認してみよう！

(1) A column of black smoke suddenly became visible in the distance. There was a lot of confusion as fire engines, police cars, and worried residents rushed toward the scene.

(遠くに黒い雲の柱が急に現れた。消防車，パトカー，心配した住人達がそのほうへ向かって走っていて，大混乱だった)

・**toward** the site「場所の〜のほうへ」(①ⓐ)

(2) Turn your eyes up toward the sky. It is so big and clear. It will turn your mind from the burdens you have now to the things you can achieve in the future.

(あなたの目を空へと向けなさい。空はとても大きく，澄んでいます。あなたの心を今抱えている重荷から，将来できることへと向けてくれるでしょう)

・**toward** the sky「場所の〜のほうへ」(①ⓐ)

比較のトピック to, toward, from

どれも方向を表しますが，「〜に向かって」の to と toward に対して，from は反対の方向を表します。

to

I walked **to** the park.

I sent a present **to** my mother.

toward

I ran **toward** the park.

from

I walked **from** the park to my house.

to の基本的意味は「到達点への到着」です。具体的な場所へ，結果として現れる状態へ，さらに非具体的（抽象的な事物）への到達を表します。

toward は，到達点への方向を示す「〜に向かって」を表します。

from は to と逆方向で，「（出発点）から」を表します。場所とともに，出発点となりうる出所・原因・原料，さらに相違や選択の分岐点ともいうべき点をあげて，「その点から」となります。

to, toward, from のどれも，場所とともに，時間についても，それぞれの基本的意味を反映します。

上下関係を示す

over
above
below
under
down
up
upon

8 over

基本的意味は「〜の上を（覆って）」です。
特徴が，①場所，②時間で「〜にわたって」と範囲が広いことを意味し，③関係にもこの意味が反映されます。

イメージは：「〜上を」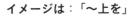

目的語 ◯「の上を」

over
〜上を

① 場所

ⓐ「上に，上を（覆って）」
There was a sign **over** the door.
I had my hands **over** my eyes.
「〜のうえにかけて」
He had a towel **over** his arm.
ⓑ「離れて，上を」動作を表す動詞とともに
A helicopter was flying **over** the beach.
ⓒ「(弧を描くように) 上を飛び越えて」
The sheep had jumped **over** the fence.
ⓓ「(弧を描くように) 転落して」
The car plunged **over** a cliff.
ⓔ「向こう側に」
They live **over** the river in Richmond.
ⓕ「〜にわたって，〜じゅうを」
The floods spread over several states.

② 時間

「〜にわたって」
Did you go anywhere **over** the Christmas holidays?
Let's discuss the contract **over** lunch.

③ 関係

ⓐ 論点・影響・支配・比較
We have no influence **over** policy decisions.
our advantage **over** our rivals
ⓑ 数量
drivers who go **over** the speed limit
temperatures reaching **over** 100 degrees
ⓒ 手段
over the Internet / phone / radio

解 説

1 場所
ⓐ 「上に,上を(覆って)」具体的な場所
There was a sign **over** the door. （ドアの上に看板があった）
I had my hands **over** my eyes. （私は両手で目を覆っていた）
He had a towel **over** his arm. （彼は腕からタオルをぶら下げていた）
☞ 腕にかけていたので,腕の上から前後にタオルが下がっている状況

ⓑ 「離れて,上を」動作を表す動詞とともに
A helicopter was flying **over** the beach.
（ヘリコプターがビーチの上空を飛んでいた）

ⓒ 「(弧を描くように) 上を跳び越えて」
The sheep had jumped **over** the fence. （羊はフェンスを跳び越えた）

ⓓ 「(弧を描くように) 転落して」
The car plunged **over** a cliff. （車はがけから下へ転落した）

ⓔ 「(視点が弧を描くように) 向こう側に」
They live **over** the river in Richmond.
（彼らは川向うのリッチモンドに住んでいる）
There's a bus stop just **over** the road.　(LEE)（道路の向こうにバス停がある）

ⓕ 「～にわたって,～じゅうを」
The floods spread **over** several states. （洪水はいくつかの州にわたって広がった）

2 時間：「～にわたって」
Did you go anywhere **over** the Christmas holidays?
（クリスマス休暇の間どこかに出かけましたか）
Let's discuss the contract **over** lunch.
（昼食をとりながら契約について話し合いましょう）

3 関係
「～の上に」位置することから,下にあるものに対する影響などの抽象的な意味をもちます。

ⓐ 論点・影響・支配・比較
We have no influence **over** policy decisions.
（我々には政策決定に対する影響力はない）

III 上下関係を示す over, above ; below, under, down ; up ; upon

our advantage **over** our rivals（ライバルに対する我々の優位）
Take plenty of time **over** the preparations.
（準備にたっぷり時間をかけなさい）
I had to shout **over** the noise of the engine. (= above)
（エンジンの音より大きな声で叫ばなくてはならなかった）

ⓑ **数量**

drivers who go **over** the speed limit （LEE）
（制限速度を超えて行く運転者）
temperatures reaching **over** 100 degrees（100度を超える気温）
> ☞ over は日本語の「以上」と違い，次に位置する数量を含まないことに注意。例えば over ten books は「10冊以上」ではなく「11冊以上の本」

ⓒ **手段：「～によって，～に頼って」**

over the Internet / phone / radio（インターネット〔電話，無線〕を通じて）

●イディオム

基本的意味の「～の上を」から，後の語句の表す「状態，事態などを越えて」と結びつけられます。

be/get over sth「（病気・ショック・怒りなどを）乗り越えている〔を乗り越える〕」
She seems to have **gotten over** her shyness.
（彼女は内気な性格を克服したようだ）

8　over ── 49

> 実例を読んで確認してみよう！

(1)　"Look! Helicopters are coming this way. There are three of them."

"Now they have turned and are flying <u>over</u> the beach. What are they doing?"

"There's going to be a beach festival <u>over</u> the weekend. They must be covering preparation for the event."

"You're probably right. Do you know what is going on at the festival?"

"I'm not sure, but I know that there are some sports events like beach volleyball and hurdle races."

"Hurdle races? Do you mean races in which the runners jump <u>over</u> hurdles along the way?"

"Yes. Running and jumping <u>over</u> hurdles is very hard on a sandy beach. But that's part of the fun."

"Are you going to the festival?"

"Well, I may, if it's not too hot. It's already <u>over</u> 30 degrees today and it will probably be hotter tomorrow."

"If you decide to go, would you let me know? I'd like to join you and see some of the events."

　　（「見て！ ヘリコプターがこっちへやってくる。3機いるよ」

　　「ああ，向きを変えて浜の上を飛んでいる。何をやっているんだろう？」

　　「週末に浜祭があるからね。その行事の取材をしているにちがいない」

　　「たぶんそうだろう。浜祭りで何があるか知ってるかい？」

　　「確かじゃないが，ビーチ・バレーやハードル・レースなどのスポーツ・イベントがあるはずだ」

　　「ハードル・レースだって？走者がハードルを跳び越えて走る競技かい？」

　　「そう。砂浜で走ったり，ハードルを跳び越えたりするのはとても大変だ。でも，おもしろいよ」

　　「浜祭りに行くつもりかい？」

　　「そう，ひどく暑くなければ，多分ね。もう摂氏30度を超えていて，明日はたぶんもっと暑くなるだろう」

　　「行くことに決めたら，教えてね。一緒に行ってイベントのいくつか見てみた

III 上下関係を示す over, above；below, under, down；up；upon

い」)

- **over** the beach　場所「〜の上を」(1 ⓑ)
- **over** the weekend　時間「週末にわたって」(2)
- jump(ing) **over** hurdles　場所「〜の上を（跳び越えて）」(1 ⓒ)
- **over** 30 degrees　関係「〜の上に，越えて」(3 ⓑ)

9 above

基本的意味は「(離れて) 上に」です。

1 空間的,地理的位置が上,2 関係 (計量単位の超過),の2つに分けて考えましょう。

イメージは:「(離れて) 上に」　　目的語 ⇐ から「(離れて) 上に」

above
(離れて) 上に

1 位置

ⓐ 上に
「真上に」
She raised her hands **above** her head.
「〜より上のほうに」
Their house is in the hills, high **above** the city.
「上流に」
There is another crossing point a mile **above** the bridge.

ⓑ 比較の対象より上に
You could hear her voice **above** all the others.
The pay we offer is well **above** average.

ⓒ 重要性・視点・地位の上で
Employers value experience **above** qualifications.
I try to rise **above** such prejudices.
He never rose **above** the rank of corporal.

2 関係として:計量単位の上で

The temperature was only two degrees **above** zero.
Gold rose **above** $400 an ounce.

III 上下関係を示す over, above；below, under, down；up；upon

> 解説

1 位置

ⓐ 上に

「真上に」

She raised her hands **above** her head.（彼女は両手を頭上にあげた）

「～より上のほうに」

Their house is in the hills, high **above** the city.

（彼らの家は町よりずっと高い丘にある）

「上流に」

There is another crossing point a mile **above** the bridge.

（その橋の1マイル上流にも渡れる場所がある）

ⓑ 比較の対象より上に

You could hear her voice **above** all the others.

（彼女の声がほかのだれの声よりもよく聞こえていた）

The pay we offer is well **above** average.

（当方が提示する給料は相場をはるかに上回っています）

☞ all the others('voices)（ほかの人たち（の声）），average（平均）が比較の基準となって，「それより上」となります。

ⓒ 重要性・視点・地位の上で

Employers value experience **above** qualifications.

（雇用主は資格よりも経験を重視する）

I try to rise **above** such prejudices.

（そのような偏見を持つことのないようにしている）

He never rose **above** the rank of corporal.

（彼は伍長より上の階級には昇進しなかった）

2 関係として—計量単位の上で

「比較の対象」として分類することも可能ですが，数値を基準にする関係です。

The temperature was only two degrees **above** zero.

（気温は零度をわずかに2度上回っているだけだった）

Gold rose **above** $400 an ounce.

（金の値段が1オンス400ドルを超えた）

●イディオム

基本的意味の「(離れて) 上に」から,「上の方」すなわち,次に来る語句の示す事柄の「上に,超越して」となります。

❶ **above all** (**else**)「なによりも (まず),とりわけ」
 Max is hard-working, cheerful, and **above all** honest.　(LEE)
 (マックスは勤勉で,快活,そして何よりも正直だ)

❷ **above and beyond**「～を超えた,～以上の」

❸ **be above suspicion / reproach / criticism**「疑われる〔非難される,批評される〕ことはない」
 Even the king's closest advisers **were** not **above suspicion**.　(LEE)
 (王様の側近のアドバイザーたちも嫌疑をまぬかれなかった)

III 上下関係を示す over, above ; below, under, down ; up ; upon

> 実例を読んで確認してみよう！

(1) This afternoon I watch the parade for Mr. Sato, the astronaut who came back from space a week ago. He was riding in a convertible, raising his hands <u>above</u> his head and waving to the crowd. He was beaming and looked very happy. I want to be an astronaut like him. I want to fly far up <u>above</u> the earth in a spaceship. I wonder what the earth will look like? To fulfill this dream, I have to study hard and train myself in various ways.

　　（今日の午後，宇宙から１週間前に帰還した宇宙飛行士の佐藤氏のためのパレードを見ました。彼はコンバーティブル車に乗って，人々に向かい両手を頭の上にあげて振っていました。微笑みをうかべて，とても幸せそうでした。私も彼みたいに宇宙飛行士になりたい。宇宙船に乗って地球のはるかに上を飛んでみたい。地球はどんなふうに見えるでしょうか。この夢をかなえるためには，しっかり勉強して，いろいろな方法で自分を鍛えなければなりません）

・**above** his head, **above** the earth　場所「〜の上に」（1 ⓐ）

(2) This evening it started snowing. The temperature outside was only two degrees <u>above</u> zero. I turned on the heat and studied until 11. I have an English test tomorrow. The last time my score was just <u>above</u> average, and I wasn't happy with it. I have to get <u>above</u> an 85 for an "A."
　　Now I can hear my mother telling me to go to bed. She isn't shouting, but I can hear her voice clearly <u>above</u> all the noise in the living room.

　　（今晩，雪が降り出しました。外の気温はたった２度です。暖房を入れて，11時まで勉強しました。明日，英語のテストがあります。この前の成績は平均をちょっと越えたところで，私は不満でした。Aを取るには85点を越えなくてはなりません。
　　今，母が寝るようにと言っているのが聞こえます。彼女は大きな声を出してはいませんが，居間のすべての雑音を越えて，その声がはっきり聞こえます）

・**above** zero, **above** average, **above** an 85　関係「〜の上で」（2）
・**above** ... the noises　比較の対象「〜の上に」（1 ⓑ）

比較のトピック on, over, above

「〜の上に」を表す on, over, above を比較しましょう。

まず、＋と－の記号を使って、次のように表します。＋は、その特徴があること、－はないこと、＋／－は両方可能な場合です。

	1) 接触	2) 接触の方向の制限	3) 支持（サポート）	4) 広がり
on	＋	－	＋／－	
over	＋／－	＋（上に）	－	＋
above	－	＋（上に）	－	

1) **接触について**
   on は接触が特徴です。
   over では、接触も遊離も可能です。
   above では、接触がありません。

2) **接触の方向の制限の有無について**
   Ⓐ on [over, above] Ⓑ として関係を示します。on では、ⒶはⒷの接触面の上、下、側面のどこにも位置できます。つまり、制限がありません。
   over と above には、ⒶはⒷの上という制限があります。

3) **支持の有無について**
   on の場合にのみ、支持の関係がありますが、支持がない場合もあるので、＋／－と表します。

4) **広がりの有無について**
   over には広がりが特徴ですが、それほど顕著でない場合もあります。
   Install the dishcloth rack **above / over** the sink.
   （流しの上に布巾かけをつけなさい）
   ☞ 流しから離れて上の関係で、above, over が両方可能です。
   次に over のみ可能な文を挙げます。
   An apple has been tossed **over / ~~above~~** a box.　(EPE)
   （リンゴは箱の上を越えて／上のほうに投げられた）

III 上下関係を示す over, above ; below, under, down ; up ; upon

A plane has zoomed **over / ~~above~~** the house. (EPE)
(飛行機が家の上をブーンと飛んで行った)

We decided to go for a walk **over** the hill. (EPE)
(丘（の上）を散歩することにした)

☞ いずれの場合にも,「かなりの長さ」つまり「広がり」があるので, over となります。

10 below

基本的意味は「〜の下に」です。
1 具体的な物の位置が「下に」から，2 抽象的に「ある基準より下に」と発展します。

イメージは:「下に」

特徴としては，Ⓐ below Ⓑで，ⒶとⒷが接触していないこと，さらに，イメージの右側の● のように真下でない場合にもこの表現が使われます。

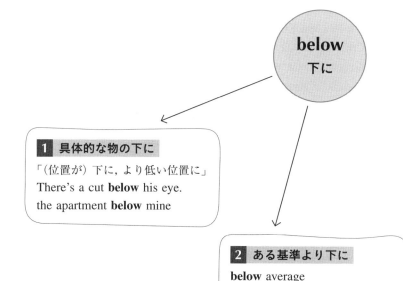

below
下に

1 具体的な物の下に
「(位置が) 下に，より低い位置に」
There's a cut **below** his eye.
the apartment **below** mine

2 ある基準より下に
below average
Inflation fell **below** 3%.
officers **below** the rank of major

III 上下関係を示す over, above；below, under, down；up；upon

解説

1 具体的な物の下に：「(位置が) 下に，より低い位置に」

There's a cut **below** his eye.
(彼の目の下に切り傷がある)

fish swimming just **below** the surface
(水面のすぐ下を泳いでいる魚)

the apartment **below** mine
(私のアパートの下の部屋)

His apartment is **below** ours on the left. (LEE)
(彼のアパートは私たちのアパートの左下です)

☞ この例のように，まっすぐ下ではなく斜めの「左下」も示せます。under も可能ですが，真下でない場合 below が好まれます。

2 ある基準より下に

below average (平均より下で，標準以下で)

Inflation fell **below** 3%. (インフレ率は3%を下回った)

You fail the test if you score **below** 50 points.
(試験で50点未満の者は不合格とします)

a temperature of 20 **degrees** below zero (零下20度の気温)

officers **below** the rank of major (少佐より低い階級の将校)

参考　気温，階級なども，「〜より下の」と below で表現されます。日本語の「〜以下」と違い，below の後の数，基準は含まないことに注意。

実例を読んで確認してみよう！

(**1**) We had hoped to reach the summit on Tuesday. But the weather was terrible, with strong winds and snow. So we had to camp a few hundred meters below the summit. It was very cold.

　　The next morning we woke to bright sunshine. It was still cold. The temperature was 5 degrees below zero. But we were happy to see the magnificent view of the summit from our camp, and the valley far below looked green and peaceful.

>（火曜日に山頂に到達したいと思っていました。しかし，強風と雪の悪天候でした。それで山頂から数百メートル下のところでキャンプしなくてはなりませんでした。ひどい寒さでした。
>
>　次の朝，目を覚ました時には，太陽が輝いていました。まだ寒く，気温は零下5度でした。それでも，キャンプから壮麗な山頂が見えて喜び，はるか下の渓谷は緑で静かでした）

- **below** the summit　場所「～の下に」（１）
- 5 degrees **below** zero　ある基準「～より下の」（２）
- far **below**　この below は us などが省略されているので副詞。

(**2**)　Do you hear someone playing the violin? It is beautiful, isn't it? I think it comes from the apartment below mine. A young couple have moved in and the wife plays the violin.

>（誰かヴァイオリンを弾いているのが聞こえますか？ 美しいですね。下のアパートメント（部屋）から聞こえてくるのでしょう。若いカップルが入居して，奥さんがヴァイオリンを弾くのです）

- the apartment **below** mine　場所「～の下の …」（１）

11 under

基本的意味は「〜の下に」です。
①具体的な位置，②支配・影響・状況の下に，③規定・名称・印象の下に，④数の「下に，未満の」というように意味の広がりがあります。

イメージは：「〜の下に」

Ⓐ under ⒷのⒶとⒷが接触している場合と，離れて「下に」の場合があります。

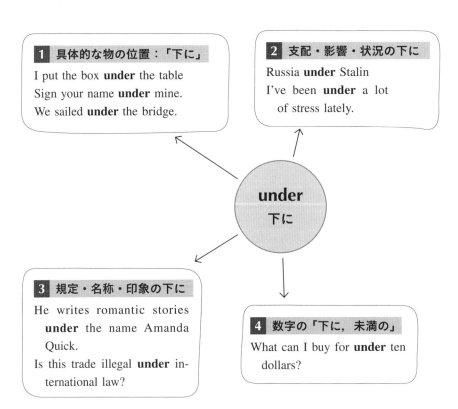

1 具体的な物の位置：「下に」
I put the box **under** the table
Sign your name **under** mine.
We sailed **under** the bridge.

2 支配・影響・状況の下に
Russia **under** Stalin
I've been **under** a lot of stress lately.

under
下に

3 規定・名称・印象の下に
He writes romantic stories **under** the name Amanda Quick.
Is this trade illegal **under** international law?

4 数字の「下に，未満の」
What can I buy for **under** ten dollars?

解説

1 具体的な物の位置：「下に」

I put the box **under** the table. （箱をテーブルの下に置いた）
Sign your name **under** mine. （私の名前の下に署名してください）
We sailed **under** the bridge. （船で橋の下を通った）
She wore a thin sweater **under** her jacket.
（彼女はジャケットの下に薄手のセータを着ていた）

　動詞によって表す状況の変化があります。上の例文で，動詞が put の文では「下に」の位置は固定，sail の場合は「移動しながら」と移動を含みます。この文では航行する船と the bridge の間隔は離れていて距離があります。wear を使った第 4 の文では，「内側に」となります。

He lay **under** a blanket. （彼は毛布をかぶって横になっていた）
☞　この例では，直接「下に」です。

2 支配・影響・状況の下に

Russia **under** Stalin （スターリン体制下のロシア）
I've been **under** a lot of stress lately. （このところストレスが多いんだ）

参考　下記の表現はどれも冠詞なしで，慣用的に使われますが，この分類に入ると覚えておくといいでしょう。

・**under control**「管理下で，制御〔抑制〕されて」
　Firefighters had the blaze **under control** by morning.
　（消防隊は朝までに火災を鎮めた）
・**under threat**「脅しを受けて，危機に瀕して」
・**under consideration / discussion / review**「検討〔審議，見直し〕中で」
・**under investigation**「捜査中で，調査中で」
・**under construction**「建設中で，工事中で」

3 規定・名称・印象の下に

He writes romantic stories **under** the name Amanda Quick.
（彼はアマンダ・クイックという筆名で恋愛小説を書いている）
Is this trade illegal **under** international law?
（国際法ではこの貿易は違法になるでしょうか）

4 数の「下に，未満の」

What can I buy for **under** ten dollars?
(10 ドルもなくて何が買えるのよ)

参考　日本語の「以下」とは違い，ten は含まないことに注意。

◆イディオム

❶ 基本的意味の「〜の下に」から，「状況の下に」となります。
under circumstances / conditions「... な状況で（は）」
I wish I'd met him **under** happier **circumstances**.
(もっと幸せな状況で彼と出会えたらよかったのにな)

❷ 具体的な状況でも冠詞を省いて表すことができます。
under (the) water「水中で」
She practiced swimming **under water**.
(彼女は水中で泳ぐ練習をした)

11 under ── 63

> 実例を読んで確認してみよう！

(**1**)　"What are you looking for?"
　　　"My baseball cap.　I thought I left it on the table."
　　　"You did.　Look under the table.　It fell off."
　　　（「何をさがしているの？」
　　　「野球帽。テーブルの上に置いたと思ったんだけど」
　　　「そうでしょ。テーブルの下をごらん。落ちたんだ」）

　・**under** the table　場所「〜の下に」（1）

(**2**)　The cruise ship *Queen Elizabeth* made her first call at the port of Yokohama on March 17, 2014.　She reached the port close to midnight, which was very unusual timing.　She was too tall to sail under the Yokohama Bay Bridge, and so she had to wait for low tide in order to get enough space to pass under the bridge.
　　　（大型遊覧船クイーン・エリザベス号は 2014 年 3 月 17 日，初めて横浜港に寄港した。船は到着の時刻としては稀な時刻の真夜中近くに入港した。遊覧船はその高さのために，横浜ベイ・ブリッヂの下を通り抜けるのが困難で十分な空間を得るために引き潮を待たなければならなかった）

　・**under** the Yokohama Bay Bridge, **under** the bridge　場所「〜の下を」（1）

(**3**)　"I wonder if Taro's team has finished their project for this week.　I know he and the four people under him have been working very hard."
　　　"I heard they did have some technical problems, but he says everything is under control."
　　　"I'm glad to hear that.　They must be under a lot of pressure to produce an attractive plan."
　　　（「太郎のチームは今週のプロジェクトをやり終えただろうか。彼と，その下についた 4 人が一生懸命働いていたのを知っている」
　　　「彼らは何か技術面の問題に遭遇したと聞いたけれど，彼はすべてうまくコントロールできていると言っている」

III 上下関係を示す over, above；below, under, down；up；upon

「それはよかった。魅力的なプランを作り出そうと，彼らは大変なプレッシャーを受けているだろう」)

- people **under** him「支配などの下に」(2)
- **under** control　イディオム「支配・影響の下に」(2)
- **under** … pressure「影響の下に」(2)

12 down

基本的意味は「〜を下りて，下のほうに」です。

1 動きが「下のほうに，方角が下のほうに」から，2「(通って) 行って」と発展します。「下りて行く」という動きから，「通って行く」という動きにもつながります。

イメージは：「〜を下りて，下のほうに」

目的語 ◯「を下りて，下のほうに」

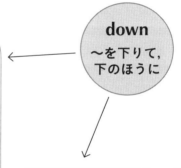

1 「〜を下りて，下の方向に」

We ran **down** the stairs.
I looked **down** the list.

ⓐ「下りて行ったところに」
The hospital is farther **down** the hill.

ⓑ「下流に」
There's another bridge farther **down** the river.

ⓒ「南下して」
They sailed **down** the east coast of Africa.

2 「(通って) 行って」

Go **down** this hallway and turn left.
The farm is a half-mile **down** this track.

III 上下関係を示す over, above ; below, under, down ; up ; upon

解説

1「～を下りて，下の方向に」
We ran **down** the stairs.（私たちは階段を駆け下りた）
I looked **down** the list.（私はそのリストに頭から目を通した）
☞ リストの「上部から下の方まで」の意味で down が使われています。

ⓐ「下りて行ったところに」
The hospital is farther **down** the hill.
（病院は丘をずっと下ったところにある）

ⓑ「下流に」
There's another bridge farther **down** the river.
（その川のずっと下流に別の橋がある）
☞「下」から転じて，「川の下流に」。

ⓒ「南下して」
They sailed **down** the east coast of Africa.
（彼らはアフリカの東海岸沿いに船で南下した）
☞ 地図の下のほうにある「南に」。南は地図の下方にあるので，この表現をよく使います。

2「(通って) 行って，道の先のほうに」
Go **down** this hallway and turn left.
（この廊下をずっと行って，左に曲がってください）
The farm is a half-mile **down** this track.
（その農場はこの道を半マイル行った所にある）
☞ 方向に関係なく，「～を行くと」先へ進むことを示します。

イディオム

❶ down the ages / centuries / years《文》「長い間〔世紀，年〕を経て」
❷ down the road / line《インフォーマル》「これから先，将来のいつか」
There may be more cost further **down the line**. (LEE)
（この先，もっと費用がかかるかもしれない）
基本的意味の「～を下って」を，①は時間に，②は道以外について使っています。

実例を読んで確認してみよう！

(**1**) "There's the doorbell. I was expecting a package to be delivered."
"You look busy. I'll go down and see who it is."
"Thanks. But don't run down the stairs!"
(「ドアのベルが鳴っている。小包が来るはずで待っていました」
「手が空いてないでしょう。私が下へ行って，誰が来たか，見ましょう」
「ありがとう。でも階段を駆け下りないでね」)

・run **down** the stairs「階段を下へと駆け下りる」(①)

(**2**) "Where is this Taketomijima Island you mentioned? I can't find it on the map."
"Look down the map a little further. It is to the southwest of Ishigaki-jima Island."
(「あなたの言っていたこの竹富島ってどこですか？ 地図で見当たりません」
「地図をちょっと下へと見てごらんなさい。石垣島の南西にあります」)

・look **down** the map「地図を下へと」(① ⓒ)

13 up

基本的意味は「〜を上へ」と動きを表します。

①の動きが「上へ」と，方角が「上流に」からさらに，②「上がった先のところに」と発展します。

イメージは：「〜を上へ」

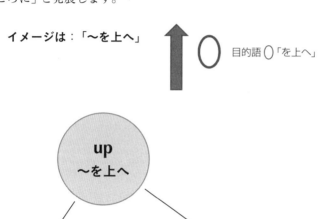

目的語○「を上へ」

up
〜を上へ

1 「上へと」
We walked **up** the hill.
ⓐ「上がったところに」
The cat was **up** a tree.
Her office is just **up** those stairs.
ⓑ「上流に」
a few miles further **up** the river

2 「先のところに」
The hotel is a few minutes **up** the road.

解説

1 「上へと」

We walked **up** the hill.（私たちは丘を登った）

I've been walking **up** and down the stairs all day.

（一日じゅう階段を上がったり下りたりしていた）

☞ この2文では、動作を表す動詞 walk の後で、「上へ」を表しています。

ⓐ 「上がった（先の）ところに」

The cat was **up** a tree.（猫は木の上にいた）

Her office is just **up** those stairs.

（彼女のオフィスはちょうどあの階段を上がった所にある）

☞ ここでは、動作ではなく、状態を表す動詞の後で、上の位置を表します。

ⓑ 「上流に」

a few miles further **up** the river（川をさらに数マイル上がった先に）

☞ 川について「上流に」

2 「〜の先のところに」

The hotel is a few minutes **up** the road.

（ホテルはその道を数分行った先にある）

☞ 実際の位置の上下ではなく、「〜の先のところに」を表す表現となります。イメージとして「（〜を行くと）〜にある」と考えられます。

イディオム

up and down sth「（道路などを）行ったり来たりして」

They're traveling **up and down** the coast.

（彼らは海岸沿いにあちこち旅している）

III 上下関係を示す over, above；below, under, down；up；upon

> 実例を読んで確認してみよう！

(**1**) Do you know what happened in my apartment building yesterday afternoon? The power went off, and the elevators stopped working. I had just come back from shopping with a lot of heavy fruit and vegetables, as well as a box of bottled drinks. My place is on the fourth floor, and so I had to make several trips <u>up</u> and down the stairs. The elderly couple who live on the fifth floor had an even harder time than I did climbing <u>up</u> the steep staircase.

(昨日の午後，私のアパートで何が起こったかご存じですか？ 停電してエレベータが止まってしまいました。重いフルーツや野菜をたくさん，それから飲み物の瓶一箱も買って帰ってきたところだったのです。私の住まいは4階ですから，階段を何回も上ったり下ったりしなければなりませんでした。5階に住む老夫婦は急勾配の階段を上るのに私よりもっと苦労していました)

・**up** ... the stairs, climb **up** the ... staircase「階段を<u>上へ</u>と」（1）

(**2**) Something is squeaking high up in that tree. Ah, a silly kitten! It climbed <u>up</u> the tree but doesn't know how to get down!

(あの木の上の高いところで何かがギャーギャー言っている。ああ，バカな子猫。木に登ったものの，降りられないんだ)

・climb **up** the tree「<u>上へ</u>と登る」（1）

(**3**) Every day I do a lot of walking. Between my home and the park, the road goes <u>up</u> and down several slopes, but it is a pleasant walk in good weather. In the afternoon, I often walk <u>up</u> the street to a nearby coffee shop to have a drink and read for a while.

(毎日私はたくさん歩いています。家と公園の間で道にはいくつかの上り下りの坂がありますが，いい気候の時には気持ちの良い歩きです。午後はコーヒーを飲んだり，ちょっと読書をしたりしに，近くのコーヒー店へと道を辿ります)

・**up** and down ... slopes「道は坂を<u>上へ</u>上ったり，下りたり」（1）
・walk **up** the street「道を<u>行って</u>」（2）

比較のトピック below, under, down, up

「下に，下のほうに」を表す below, under, down と，「上へ」の up です。

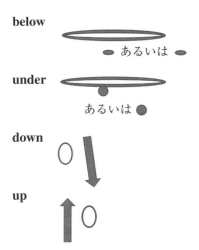

below は，物の位置が「〜の下に」から，ある基準の「下に」の場合にも使います。ただし，接触はありません。

under では，下にくる物が，上に接触して「下に」，あるいは離れて「下に」の両方が可能です。上下の関係から，支配・影響の関係，規定・名称などの関係を表すためにも使います。

down は「降りていく」という動きが基本的意味です。視点や気持ち（考え）の移動にもつながります。

up は「上へ」と動きを表します。

14 upon

基本的意味は「〜（の上）に」で，以下のような表現で，フォーマルとして，on の代わりに用いられます。

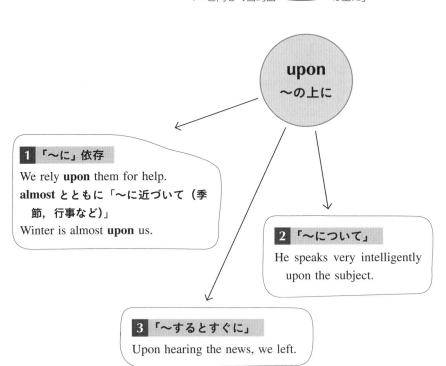

イメージは：「〜の上に」

on と同じく目的語 ⟵⟶「の上に」

upon
〜の上に

1 「〜に」依存

We rely **upon** them for help.
almost とともに「〜に近づいて（季節，行事など）」
Winter is almost **upon** us.

2 「〜について」

He speaks very intelligently upon the subject.

3 「〜するとすぐに」

Upon hearing the news, we left.

解説

1 「〜に」依存

We rely **upon** them for help.
(我々は彼らの援助に頼っている)

Our success is dependent **upon** your support.
(我々の成功はあなたの支援にかかっています)

almost とともに「〜に近づいて（季節，行事など）」

Winter is almost **upon** us.《文》
(冬がすぐそこまでやってきている)

☞ almost（ほとんど）をつけ加えることで，「〜に近づいて」の意味となります。

2 「〜について」

He speaks very intelligently **upon** the subject.
(彼はその話題についてとてもわかりやすい話をする)

3 「〜するとすぐに」

Upon hearing the news, we left.
(知らせを聞くとすぐ私たちは出発した)

Ⅳ

周り・近くを示す

across
along
around
behind
beyond
near
off
outside
inside

15 across

基本的意味は「(〜を横切って) 向こう側へ〔に〕」を表します。

①「向こう側へ〔に〕」の意味から，across の後の名詞が多方面を指す場合には，②「いたるところで」となります。

イメージは：「(〜を横切って) 向こう側へ〔に〕」

目的語 ◯「(を横切って) 向こう側へ〔に〕」

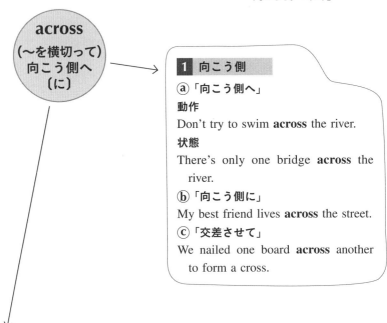

across
(〜を横切って)
向こう側へ
〔に〕

1 向こう側

ⓐ「向こう側へ」
動作
Don't try to swim **across** the river.
状態
There's only one bridge **across** the river.
ⓑ「向こう側に」
My best friend lives **across** the street.
ⓒ「交差させて」
We nailed one board **across** another to form a cross.

2「いたるところで」

The TV series became popular **across** the five continents.

> 解 説

1 向こう側
ⓐ 「向こう側へ」
  動作
    Don't try to swim **across** the river.
    (その川を泳いで渡ろうとしてはいけません)
    We gazed **across** the valley. (私たちは谷の向こうを眺めた)
    Slowly a smile spread **across** her face.
    (ほほえみがゆっくりと彼女の顔に広がった)
  状態
    There's only one bridge **across** the river.
    (その川には橋は1つしか架かっていない)
    There was a crack right **across** the ceiling.
    (天井の端から端までひび割れが走っていた)
ⓑ 「向こう側に」
    My best friend lives **across** the street.
    (親友が通りの向こう側に住んでいる)
    a small town **across** the border from EL Paso, Texas
    (テキサス州のエルパソから国境を越えた所にある小さな町)
ⓒ 「交差させて」
    We nailed one board **across** another to form a cross.
    (私たちは板と板を交差させてくぎづけし、十字架を作った)

2 「いたるところで」
    The TV series became popular **across** five continents.
    (その連続テレビ番組は5つの大陸のどこでも人気を博した)
    ☞ across ＋多方面を表す名詞

● イディオム

straight across
  1.「... を突っ切って」
    The kids ran **straight across** the road in front of a car.

Ⅳ 周り・近くを示す across, along, around, behind, beyond, near, off, outside, inside

（車の前で子供たちが通りを走って突っ切った）

2.「... を一直線に横切って」

The road ran **straight across** the desert for twenty miles.

（その道路は砂漠を横切って 20 マイルも延びていた）

 まさに straight（真っ直ぐに）＋ across（（横切って）向こう側に）の結びつきです。

実例を読んで確認してみよう！

(1) There are a lot of cars here, so you have to be careful. Don't run across the road. Be sure to use a pedestrian crossing. Wait till the cars stop, look both ways, and then walk across.

(ここは車が多いから注意してね。道路を走って渡ってはいけない。必ず横断歩道を使うこと。車が止まるまで待って，両側を見て，それから横断しなさい)

- **across** the road「～を向こう側へ」(1 ⓐ)

  参考　最後の文の walk across は目的語のない副詞用法。

(2) I saw a "For Sale" sign in front of the house across the street. It's a nice house with a small garden in the back. I know you've been looking for a house. Won't you come over and look at it? I'm sure you'll like it. It would be wonderful to have a friend living across the street!

(道の向こう側の家の前に「売り家」の看板を見ました。裏に小さい庭があるいい家です。あなたが家を探しているのを知っています。来て，この家を見てみませんか。きっと気に入りますよ。お向かいに友達が住んでいたら素晴らしいでしょうね)

- the house **across** the street「～の向こう側に（ある）家」(1 ⓑ)
- a friend living **across** the street「～の向こう側に（いる）友人」(1 ⓑ)

(3) For a long time, Lindbergh was believed to be the first person who flew nonstop across the Atlantic. He did it in 1927. However, it had been done before. In 1919, two British aviators, Alcock and Brown, made the first nonstop transatlantic crossing, flying from Newfoundland in Canada to Ireland.

(長い間，リンドバーグが大西洋横断無着陸飛行をした最初の人と信じられていました。彼は1927年に飛行をしたのです。しかし，その前に無着陸飛行は成し遂げられていました。1919年，オールコックとブラウンという2人の英国飛行士が，カナダのニューファンドランドからアイルランドへ飛んで，最初の無着陸大西洋横断をしていたのです)

- flew ... **across** the Atlantic「大西洋を向こう側へと飛んだ」(1 ⓐ)

16 along

基本的意味は「～に沿って」を表します。

alongの前の動詞が，動作を表せば 1「(～に沿って) ～する」となり，状態を表す場合には 2「(～に沿ったところで) ～がある」，さらに，その中の 3「(一点で) ～がある」の場合があります。

イメージは：「～に沿って」

長さのある目的語 ⟵⟶ 「に沿って」

along
～に沿って

1 動きを伴って
We walked **along** the beach.
I looked **along** the row of faces.

2 状態で
There was a fence **along** the sidewalk.

3 「～に沿った所の一点で」
The house was a few miles **along** the river.

解説

1 動きを伴って

We walked **along** the beach.
(私たちは浜辺伝いに歩いた)

I looked **along** the row of faces.
(私は居並ぶ人たちの顔を見渡した)

She heard footsteps coming **along** the corridor.
(彼女は廊下を歩いて来る足音を耳にした)

2 状態で

There was a fence **along** the sidewalk.
(歩道沿いにフェンスがあった)

Wildflowers grew **along** the stream.
(小川に沿って野草が花を咲かせていた)

3 「〜に沿った所の一点で」

The house was a few miles **along** the river.
(その家は川沿いを数マイル行ったところにあった)

☞ 長さのある川の川沿いの一点ということですが,「川沿いを数マイル行ったところに」という訳があるように,視点は川に沿って進んでいる感じです。

イディオム

❶ **along with** sb / sth 「(…) と一緒に, 同時に」
Add milk to the flour, **along with** the melted butter.
(溶けたバターと一緒に牛乳を小麦粉に加えます)

❷ **along the way**「途中で」
We had a few problems **along the way**.
(途中で2, 3の問題にぶつかった)

②の例では,「途上で」の比喩化として,物事の「途中で」と,まさに基本的意味の延長線上です。①の例でも,「〜に沿って」のイメージ化が役立ちます。

IV 周り・近くを示す across, along, around, behind, beyond, near, off, outside, inside

> 実例を読んで確認してみよう！

(**1**) I walked along the small stream for a long time before I finally found a bridge.
   (橋を見つけるまで，私はその小さい流れに沿って，ずっと歩いた)

・walk **along**　動作を伴って「〜に沿って（〜する）」（①）

(**2**) Every New Year's Day, a million people turn out along the Rose Parade route in Pasadena, California, to watch the bands and floats go by. There are dozens of floats, all covered with real flowers, competing in beauty and originality. The people along the route show their admiration with enthusiastic applause.
   (毎年，元日に，カリフォルニア州パサデナで百万もの人々がバンドや山車が通るのを見ようとローズ・パレード・ルート沿いに集まります。すべて生花で覆われた数十の山車が美しさと独創力を競って参加しています。道筋の人々は熱烈な拍手をして，賞賛を表します)

・turn out **along** the Rose Parade route「〜に沿って（出てくる）」（①）
・the people **along** the route「〜に沿って（いる）人々」（②）

17 around

基本的意味は「～の周りを」を表します。
ある中心の周りを描く線が円を描くか，半円であるかは問題ではありません。①場所と，②時間に分けて考えましょう。時間は「～の近くに」から「ほぼ～，～頃に」を表します。

イメージは：「～の周りを」 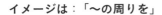 目的語 ○「の周りを」

around
～の周りを

1 場所

ⓐ「～の周りを〔に〕，～を囲んで」
We put a fence **around** the back yard.
They danced **around** the fire.
The moon goes **around** the Earth.

ⓑ「～を中心に」
Their lives revolve **around** the children.

ⓒ「～を迂回して」
There seemed to be no way **around** the problem.

ⓓ「あちこちを〔に〕」
We walked **around** the town.

ⓔ「近くを〔に〕」
Is there a bank **around** here?

2 時間：「ほぼ～，～頃に」

He arrived home **around** midnight.

IV 周り・近くを示す across, along, around, behind, beyond, near, off, outside, inside

解説

1 場所

ⓐ 「〜の周りを〔に〕，〜を囲んで」

We put a fence **around** the back yard.
(私たちは裏庭の周りを柵で囲った)

The whole family was sitting **around** the table.
(家族全員が食卓を囲んで座っていた)

They danced **around** the fire.
(彼らは火の回りを回りながら踊った)

The moon goes **around** the Earth.
(月は地球の周りを回っている)

☞ around の前の動詞は，was sitting と状態を表すもの，danced, goes と動作を表すものの両方があります。

ⓑ 「〜を中心に」

Their lives revolve **around** the children.
(彼らの生活は子供中心に回っている)

☞ around の目的語は the children という具体的な人ですが，revolve around the children は，生活一般というやや抽象的な範囲に入っています。

ⓒ 「〜を迂回して，回避して」

There seemed to be no way **around** the problem.
(その問題を避けて通る方法はないように思われた)

☞ 否定の no ... around でこの意味になります。まさに抽象的な表現です。

ⓓ 「あちこちを〔に〕」：「円を描いて回る」というイメージから，「あちこちを〔に〕」となります。

We walked **around** the town. (私たちは町をあちこち歩き回った)

The company has 250 offices **around** the world.
(その会社は世界じゅうに 250 の営業所がある)

visitors from **around** the world (世界じゅうからの観光客)

ⓔ 「〜の近くを〔に〕」

Is there a bank **around** here? (この近くに銀行はありますか)

the countryside **around** Woodstock (ウッドストック近辺の田園地帯)

参考 次の表現は，時計の針がぐるっと回るイメージで，around の性格をよく表しています。

around-the-clock《米》, round-the-clock《英》［名詞の前でのみ］((看護・監視などが) 24 時間体制での)

2 時間：「ほぼ〜，〜頃に」

He arrived home **around** midnight.（彼は真夜中ごろに帰宅した）
It was built somewhere **around** the middle of the 19th century.
（それは 19 世紀の中ごろに建てられた）

IV 周り・近くを示す across, along, around, behind, beyond, near, off, outside, inside

実例を読んで確認してみよう！

(**1**)　The panelists sat around the table and discussed whether they should keep nuclear power plants or not.　Each participant presented pros and cons on the topic, but they could not reach any conclusion.
（パネラーはテーブルを囲んで座り，原子力発電所を続けるべきかどうかを討論した。参加者は話題についてそれぞれ賛否を述べたが，結論には達しなかった）

・sit **around** the table「〜の周りを囲んで座る」（①ⓐ）
 注意　英語では panelist で，パネラーとは言わない。

(**2**)　"Is there a post office around here?"
　"Yes, there is one around that corner.　It's small, but I think they can take care of almost anything ordinary people need."
（「このあたりに郵便局はありますか？」
「ええ，あの角を曲がったところにあります。小さい局ですが，ふつうの人に必要なことのほとんどは扱っていると思いますよ」）

・**around** here「近くに」（①ⓔ）
・**around** that corner「周りを回ったところに」（①ⓐ）

(**3**)　Let's run around the athletic field again.　We need more exercise.
（もう一度，競技場を回って走ろう。もっと運動が必要だ）

・run **around** the athletic field「周りを回って走る」（①ⓐ）

18 behind

基本的意味は「～の後ろに，向こう側に」を表します。
1 ⓐ 場所の「後ろ」，そして「後ろだて」から，ⓑ「支持」，2 時間では，「後ろ，過去の」，3 関係では進度などの遅れがあります。

イメージは：「～の後ろ」

視点 👀 から見て，目的語 ◯「の後ろに，向こう側に」

behind
～の後ろに

1 場所

ⓐ 位置：「後ろに」
He was sitting **behind** me.
「向こう側に，隠れるように」
The children hid **behind** the couch.
「裏で（に）」
The police know who's **behind** these attacks.
the reason **behind** her anger
ⓑ「支持して（後ろ，裏に位置して）」
We're right **behind** you!

2 時間

ⓐ「(時差で) 遅れて」
We're three hours **behind** New York.
ⓑ「過去のもので」
That part of my life is now **behind** me.

3 関係：「(進度が) 遅れて，(勝敗で) 負けて」

She's **behind** the rest of the class in math.
The Rams are now only 5 points **behind** the Falcons.

解説

1 場所

ⓐ 位置:「後ろに」

He was sitting **behind** me.
(彼は私の後ろに座っていた)

I was driving **behind** a truck.
(私の車はトラックの後ろを走っていた)

「向こう側に,隠れるように」

The children hid **behind** the couch.
(子供たちはソファーの陰に隠れた)

「裏で〔に〕」

The police know who's **behind** these attacks.
(警察はこれらの襲撃事件の黒幕をつかんでいる)

the reason **behind** her anger (彼女の怒りに隠された理由)

We're looking for the truth **behind** this mystery.
(私たちはこのなぞの裏に潜む真実を求めている)

☞ 「裏に隠れている」という場所表現の比喩と考えられます。

ⓑ 「支持して」

We're right **behind** you!(私たちは味方ですよ!)

The majority of workers are **behind** the strike.
(労働者の大多数はストライキを支持している)

☞ 場所の「裏に位置して」から,「後楯になっている,後援している」というように,位置関係からの比喩的発展です。

2 時間

ⓐ 「(時差で) 遅れて」

We're three hours **behind** New York.
(ここはニューヨークから3時間遅れています)

ⓑ 「過去のもので」

That part of my life is now **behind** me.
(私にとってそのころのことはもう過去のことです)

Her days as a rock star are **behind** her.
(彼女にとってロックスターだった時代は過去のものだ)

☞ 時間的に過ぎ去ったことの表現に使います。

3 関係
「(進度が) 遅れて，(勝敗で) 負けて」

She's **behind** the rest of the class in math.
(彼女はクラスの他の生徒より数学の学習状況が後れている)

The Rams are now only 5 points **behind** the Falcons.
(今，ラムズがファルコンズに5点差まで迫りました)

IV 周り・近くを示す across, along, around, behind, beyond, near, off, outside, inside

> 実例を読んで確認してみよう！

(**1**)　Playing hide-and-seek
　　I'll find you all!　Someone is hiding <u>behind</u> the curtains.　Someone else is <u>behind</u> the sofa, and there is somebody <u>behind</u> the door, too.
　　（かくれんぼをして
　　　みんな見つけるよ。カーテンの裏に誰かかくれている。別の誰かがソファの後ろだ。そしてドアの陰にも誰かいる）

・**behind** the curtains / the sofa / the door「位置はどれも<u>後ろに</u>」（①ⓐ）
日本語にすると，隠している物の姿によって，「裏，後ろ，陰」などとなっています。

(**2**)　"There are so many strong candidates for class president.　I'm afraid I have no chance of winning "
　　"Don't give up so easily!　We are all <u>behind</u> you, and I'm sure you'll win."
　　（「クラス代表の候補者はたくさんいます。私には勝つ見込みがなさそうですね」
　　　「そんなに簡単にあきらめないで。わたし達みんなが支持しているから，あなたはきっと勝ちますよ」）

・**behind** you「後ろにいる」から，「（後ろ楯で）<u>支持している</u>」（①ⓑ）

19 beyond

基本的意味は「～の向こうに，～を越えて」を表します。① 場所，② 時間，③ 関係の「向こうに，越えて」の意味です。

イメージは：「～の向こうに，～を越えて」

目的語 ○「の向こうに，を越えて」

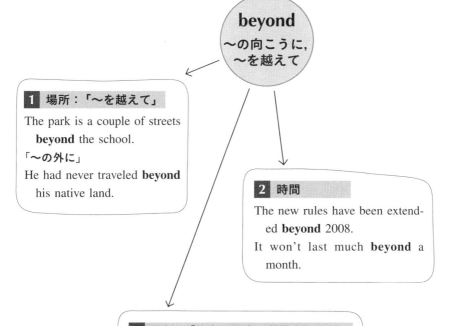

beyond
～の向こうに，
～を越えて

1 場所：「～を越えて」
The park is a couple of streets **beyond** the school.
「～の外に」
He had never traveled **beyond** his native land.

2 時間
The new rules have been extended **beyond** 2008.
It won't last much **beyond** a month.

3 関係：「能力・限度・基準を超えて」
I liked science, but math was **beyond** me.
Is the job **beyond** his abilities?
The branch was just **beyond** my reach.

IV 周り・近くを示す across, along, around, behind, beyond, near, off, outside, inside

解説

1 場所

「〜を越えて」

The park is a couple of streets **beyond** the school.
(その公園は学校を越えて 2 本目の通りにある)

「〜の外に」

He had never traveled **beyond** his native land.
(彼はそれまで母国を離れて旅をしたことがなかった)

2 時間

The new rules have been extended **beyond** 2008.
(その新規則は 2008 年以降まで延長された)

It won't last much **beyond** a month. (ひと月ちょっとしか続かないだろう)

☞ 「2008 年という年を越えて延長された」と，no とともに「ひと月を越えて長くは続かない」という表現です。

3 関係

「能力・限度・基準を超えて」

I liked science, but math was **beyond** me.
(私は科学は好きだったが，数学はお手上げだった)

Is the job **beyond** his abilities? (その仕事は彼の能力を超えていますか)

The branch was just **beyond** my reach.
(その枝にはもうちょっとのところで手が届かなかった)

students who are already **beyond** beginner's level
(初級者レベルをすでに超えている生徒)

●イディオム

イディオムとされますが，どれもその後の語句（無冠詞）を「超えて」と解釈できます。

❶ beyond belief / recognition 「信じられない〔見分けがつかない〕ほど」

The size of the problem was **beyond belief**.
(その問題の大きさは信じられないほどだった)

The town had changed **beyond** all **recognition**.
(その町はかつての面影もないほど変わり果てていた)

❷ **beyond doubt / dispute**「疑い〔議論〕の余地もなく」
It is **beyond dispute** that these men are innocent.
(この男たちが無実であることは明らかだ)

❸ **beyond repair**「修理不能で, 修復不可能で」

❹ **it is beyond me why / what** etc.「《話》なぜかさっぱりわからない」
It is beyond me why he was chosen for the job.
(なぜ彼がその仕事の担当に選ばれたのかさっぱりわからない)

IV 周り・近くを示す across, along, around, behind, beyond, near, off, outside, inside

実例を読んで確認してみよう！

(**1**) Three of us went cycling last Saturday. We pedaled along a country road, enjoying the fresh air. After a while we saw a road sign saying "Welcome to New Town." The town was coming into view, and we could see that the road stretched straight beyond the town into a wood. We planned to pass through the town and keep going, but suddenly the chain on one of my friends' bicycles came loose. We tried to fix it, but it was beyond our ability. We walked into New Town, dragging the bicycle behind us.

（私たち3人はこの前の土曜日，サイクリングにでかけました。新鮮な空気を楽しみながら田舎道を進んで行ったのです。しばらくして「ニュー・タウンにようこそ」という看板を見ました。町が見えてきましたが，道はその町を過ぎて林へと延びているのが見えました。私たちは町を通り過ぎて行く予定でした。ところが急に友達の一人の自転車のチェーンがはずれてしまったのです。修理しようとしましたが，私たちの手には負えませんでした。私たちはその自転車を引きずってニュー・タウンへ歩いて行きました）

- stretch … **beyond** the town「場所を越えて」（[1]）
- **beyond** our ability「能力を超えて」（[3]）

(**2**) I hope the party won't go on beyond midnight. I have to catch an early train tomorrow.

（パーティが夜半過ぎまで続かないことを望むよ。明日の朝早くの列車に乗らなくてはならないのだ）

- go on **beyond** midnight「夜半の（時間を）越えて」（[2]）

比較のトピック behind, beyond

「～の向こうに，向こう側に」を表す2語ですが，2語の類似点，相違点をみましょう。

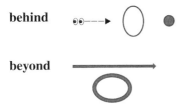

behind には「～の向こう側に」に加えて，「～の後ろに」，さらに視線を妨げられて「隠れて，視線からはずれて」の意味が加わることがあります。

beyond は「～を越えて」の意味です。

20 near

基本的意味は「～の近くに」を表します。
① 場所，② 時間，③ 関係（状況・状態など）のいずれでも，その「近くに」を示します。

イメージは：「～の近くに」　　目的語○「の近くに」

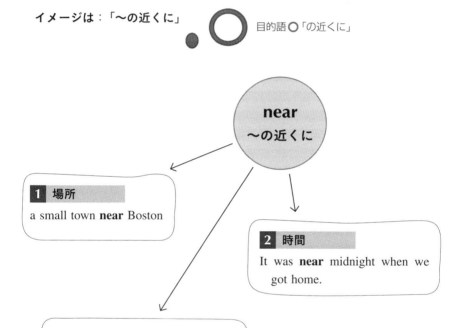

1 場所

a small town **near** Boston

2 時間

It was **near** midnight when we got home.

3 関係（状態・状況などの）

「もうすぐ～する」
The work is now **near** completion.
How **near** are we to finding a solution?

類似
The color is **nearer** to blue than to purple.
He's **nearer** my age than yours.

解説

1 場所
a small town **near** Boston（ボストン近郊の小さな町）
the boy sitting **nearest** to me（私のいちばん近くに座っている少年）

2 時間
It was **near** midnight when we got home.
（家に着いたのは真夜中近くだった）

3 関係（状況・状態などの）
「もうすぐ〜する」変化が近いことによる比喩的表現

The work is now **near** completion.
（仕事はもう少しで完了します）

How **near** are we to finding a solution?
（どれくらい解決に近づいているのだろう）

I came **near** to losing my temper.
（もう少しでかっとなるところだった）

類似
The color is **nearer** to blue than to purple.
（その色は紫より青に近い）

He's **nearer** my age than yours.
（彼は君より私のほうに年が近い）

◆ イディオム

イディオム扱いですが，どれも nearer の次にくる語句に対して，「より近くに」を表します。

❶ **be nearer the truth**「(説明・発言が) より真実に近い」

❷ **be no nearer to** (**doing**) **sth／not be any nearer to** (**doing**) **sth／be no nearer sth**「(…) (すること) に向けた進展がない」

We **are no nearer to** an agreement that we were six months ago.
（6か月前と比べても合意に向けてさしたる進展はない）

IV 周り・近くを示す across, along, around, behind, beyond, near, off, outside, inside

実例を読んで確認してみよう！

(1) My husband and I live in a small town near Boston. We often go to concerts by the Boston Symphony Orchestra. It is one of the five top orchestras in the United States.

   （私たち夫婦はボストンに近い小さい町に住んでいます。私たちはボストン交響楽団の音楽会によく行きます。ボストン交響楽団は米国の5つのトップオーケストラの1つです）

・**near** Boston「場所（ボストン）の近くの」（1）

(2) We thought our new house was near completion. But yesterday we were told that it would be at least two more months before we could move in.

   （私たちの新しい家は完成間近と思っていました。でも昨日，引っ越しまでに少なくともまだ2か月かかると告げられました）

・**near** completion　関係（状態）「（完成）に近い，間近」（3）

21 off

基本的意味は「〜から離れて」を表します。

1 自動詞とともに使えば，off の後の語句「から離れて」，2 他動詞とともに使えば off の後の語句「から離して」を表します。句動詞としては，get off の形で多用され，これには抽象的な用法もあります。

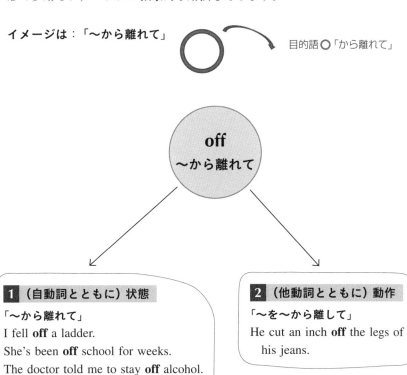

イメージは：「〜から離れて」　　　目的語 ◯「から離れて」

off　〜から離れて

1 （自動詞とともに）状態
「〜から離れて」
I fell **off** a ladder.
She's been **off** school for weeks.
The doctor told me to stay **off** alcohol.
位置について
a ship ten miles **off** the coast

2 （他動詞とともに）動作
「〜を〜から離して」
He cut an inch **off** the legs of his jeans.

IV　周り・近くを示す across, along, around, behind, beyond, near, off, outside, inside

解説

1 （自動詞とともに）動作，状態

「～から離れて」

I fell **off** a ladder.（はしごから落ちた）

She's been **off** school for weeks.

（彼女は何週間も学校を休んでいる）

The doctor told me to stay **off** alcohol.

（酒を控えるように医者から言われた）

☞ いずれの場合にも，off の後にくる「はしご，学校，酒」から離れている，遠ざかっていることを表します。

位置について：「離れて」

a ship ten miles **off** the coast（10マイル沖合の船）

a road **off** Main Street（大通りからわきに入った道）

2 （他動詞とともに）動作

「～を～から離して」

He cut an inch **off** the legs of his jeans.

（彼はジーンズの丈を1インチ詰めた）

イディオム

get off

Everyone **got off** the bus.（全員バスから降りた）

☞ get on の反意表現として，get off が最もよく使われるケースです。

抽象的に

I'm afraid we're **getting off** the subject.

（どうも本題からはずれてきているようだ）

☞ 「本題からはずれる」は，場所の表現「～から離れる」を抽象化して使うものです。

実例を読んで確認してみよう！

(1) We got off the bus at the station and took a train for Kyoto. After thirty minutes, we arrived and got off the train. We enjoyed the day doing sightseeing.

(私たちは駅でバスを降り，京都行の電車に乗りました。30分後に到着して，電車を降りました。一日，観光をして楽しみました)

・get off「～から離れる」の意味から，バス，電車から「降りる」(イディオム)

(2) There was an earthquake this morning. A vase fell off the table and broke. According to news reports, the epicenter was ten kilometers off the San Francisco coast. There was no tsunami.

(今朝，地震がありました。花瓶がテーブルから落ちて割れました。ニュースによれば，震源はサンフランシスコ岸から10キロのところということです。津波はありませんでした)

・fall off「～から落ちる，～から離れて」(①)
・was ... off「～から離れたところに」(①)

(3) Jim can't attend the party, so please take his name off the list.

(ジムはパーティに出席できませんから，どうぞ，彼の名前をリストからはずしてください)

・take ... off 他動詞の後で，「...を～から離して」から「取り去って，はずして」(②)

(4) There was a cold wind yesterday, and I felt a little gloomy as I watched the last leaves fall off the maple tree.

(昨日は風が冷たく，私は楓から残っていた葉が落ちるのを見ていて，ちょっと憂鬱になった)

・fall off「～から（離れて）落ちる」(①)

22　outside

基本的意味は「～の外に〔で，へ〕」を表します。
①場所の「～の外に〔で，へ〕」，②関係については「限度・範囲をこえて」となります。

イメージは：「～の外に〔で，へ〕」 目的語○「の外に〔で，へ〕」

outside
～の外に
〔で，へ〕

1 場所について

ⓐ「(すぐ) 外に〔で〕」
I heard voices **outside** my window.
Store all chemicals **outside** the house.

ⓑ「外へ」
Don't go **outside** the yard.

2 関係

「限度，範囲をこえて」
a problem **outside** my experience

「～に所属しない」
Few people **outside** the government realized what was happening.

解説

1 場所について

ⓐ 「(すぐ) 外に [で]」

I heard voices **outside** my window.
(窓の外で声がするのが聞こえた)

Store all chemicals **outside** the house.
(化学物質はすべて屋外に保管しなさい)

a village a few miles **outside** of the town
(町から2, 3マイル離れた村)

☞ 同じ意味で outside of とも表現します。

ⓑ 「外へ」

Don't go outside the yard.
(庭の外へ出てはいけません)

2 関係

「限度, 範囲をこえて」

a problem **outside** my experience
(自分の経験の範疇を越えた問題)

「～に所属しない」

Few people **outside** the government realized what was happening.
(政府関係者以外の人にはほとんど何が起きているかわからなかった)

IV　周り・近くを示す across, along, around, behind, beyond, near, off, outside, inside

> 実例を読んで確認してみよう！

(**1**)　Let's start at once. I've parked my car <u>outside</u> the house.
　　　（すぐ出発しましょう。家の外に車をとめてあります）

・**outside** ～「～の外に」（①ⓐ）

(**2**)　She is a great traveler. She often makes trips <u>outside</u> Japan.
　　　（彼女は大旅行家です。しばしば外国旅行をします）

・**outside** Japan　目的語が Japan と国なので，「外へ」は「外国へ」（①ⓑ）

(**3**)　"Let's meet at the auditorium at noon."
　　　"<u>Outside</u> the entrance?"
　　　"Right. See you then!"
　　　（「正午に講堂で会いましょう」
　　　「入り口の外側で？」
　　　「そう。じゃあ，その時ね」）

・**outside** ～「～の外側で」（①ⓐ）

(**4**)　You see, I'm not in management. Those <u>outside</u> that section don't know anything about what's going on.
　　　（私は経営陣には入っていないからね。その部門の外にいる者は何が起こっているのか全く知らないのだ）

・**outside** that section　それに「所属しない，その外側に」（②）

23 inside

基本的意味は「～の内部に」です。

①場所，②時間に分けて考えましょう。inside of ～ を同じ意味で使う場合もあります。

イメージは：「～の内部に」 目的語○「の内部に」

inside
～の内部に

1 場所

There was a card **inside** the envelope.
He had locked his keys **inside** of his car.

「中へ」
They ran **inside** the house.

「頭の中に」
You never know what's going on **inside** Steve's head.

2 時間

A full report is expected **inside** three months.

Ⅳ 周り・近くを示す across, along, around, behind, beyond, near, off, outside, inside

> 解 説

1 場所

There was a card **inside** the envelope.

（封筒の中にはカードが入っていた）

He had locked his keys **inside** of his car.

（彼は車のキーを中に置いたままロックしてしまった）

☞ inside of とも表現します。

「中へ」

They ran **inside** the house.

（彼らは家の中へ駆け込んだ）

「頭の中に」

You never know what's going on **inside** Steve's head.

（スティーブが頭の中で何を考えているのかなんてわからない）

☞ 具体的な場所から，「頭，考えの中に」となります。

2 時間

A full report is expected **inside** three months.

（3か月以内に報告書が完成する見込みである）

23 inside

実例を読んで確認してみよう！

(**1**) "Fire!" I heard a loud cry and saw people running out of the concert hall. I was inside the building—not in the hall, but in the lobby. I followed the others out safely.

Later I learned that someone had caused the commotion by mistakenly setting off the fire alarm.

（「火事だ！」叫びを聞いて，コンサートホールから人々が駆け出してくるのを見ました。私はビルの中にいました——ホールではなく，ロビーです。ほかの人たちのあとについて無事に外に出ました。

あとで 分かったことなのですが，誰かが火災報知機を誤って押してしまい，動揺を引きおこしたとのことです）

・**inside** the building「建物の内部に」（ 1 ）

(**2**) Hiro is one of the top athletes in Japan. He is a very fast runner and he often competes with world-class runners in 100 meter races. He wants to set a personal record by finishing inside 10 seconds. It is a very difficult aim to achieve.

He just smiles and says nothing when reporters ask him when he'll be able to achieve his goal. Nobody knows what he is thinking

（ヒロは日本のトップアスリートの１人です。彼は100メートル走で世界記録級の選手と競う走りをします。10秒以内の個人記録を達成したいのですが，とても難しい目標です。

リポーター達が，いつ達成できるかと尋ねると，彼はただほほ笑んで何も言いません。彼が何を考えているのか，誰も知りません）

・**inside** 10 seconds「10秒以内に」（ 2 ）

比較のトピック near, off, outside

near, off, outside の基本的意味を図示してみましょう。

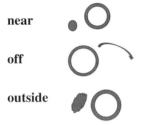

near

off

outside

どれも，「（対象から）離れて」の意味を表しますが，**near** は「近くに」と近接，**off** は「離れて」，**outside** は「外へ，外に」と，意味合いが違います。

間を示す

between
among
through
during

24 between

基本的意味は「～の間に〔を〕」と表します。

ふつうは，2つ〔2人〕について用いますが，3つ〔3人〕以上でも，1つのものを中心にその周囲との「関係」や「違い」に力点がある場合は，3つ〔3人〕以上でも用います。

①場所，②時間，③関係に分けて考えましょう。

イメージは：「～の間に〔を〕」

2つの目的語　「の間に(を)」

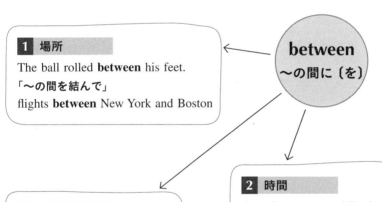

1 場所

The ball rolled **between** his feet.
「～の間を結んで」
flights **between** New York and Boston

between
～の間に〔を〕

2 時間

Are there any public holidays **between** now and September?
The journey takes **between** 7 and 8 hours.

3 関係

ⓐ 関係
relations **between** the two countries
ⓑ 相違・類似
What's the difference **between** the two computers?
ⓒ 分配
The money was divided **between** the two children.

解説

1 場所

The ball rolled **between** his feet.
(そのボールは彼の両足の間を転がっていった)
Hold the pen **between** your finger and thumb.
(ペンは親指とほかの指の間で挟んで持ちなさい)
I sat down **between** my two sisters. (2人の姉の間に座った)
☞ これらは，いずれも between で2つのもの，2人の間を表します。

「〜の間を結んで」

flights **between** New York and Boston
(ニューヨーク・ボストン間の航空便)
the highway **between** Paris and Bordeaux
(パリとボルドーを結ぶ幹線道路)

2 時間

2点の間の時間・期間を表します。
Are there any public holidays **between** now and September?
(今から9月までの間に祝日はありますか)
Don't eat **between** meals. (間食をしてはいけません)
children **between** 12 and 15 years old
(12歳から15歳の間の子供)
The journey takes **between** 7 and 8 hours.
(その旅は7時間から8時間かかる)

3 関係

ⓐ 関係

relations **between** the two countries (両国間の関係)
There's an obvious link **between** your health and the food you eat.
(健康と食べ物の間には明らかなつながりがあります)
a conversation **between** two senators
(2人の上院議員の間の会話)
an agreement **between** the French and the Germans
(フランスとドイツ間の合意)

ⓑ 相違・類似

What's the difference **between** the two computers?
(その2台のコンピュータの違いは何ですか)

ⓒ 分配

The money was divided **between** the two children.
(そのお金は2人の子供たちの間で分けられた)

The profit will be split **between** the four of us.
(利益は私たち4人の間で分配されることになっている)

☞ 2者以上の例

◆ イディオム

基本的意味の「〜の間に〔を〕」をそのまま，前後の名詞表現の間に使って，関係（人・秘密・差しさわりなど）を表します。

❶ **between you and me / between ourselves**「《話》ここだけの話だが，内緒だが」

❷ **come between** sb **and** sb「（物事などが）（人）と（人）の仲を裂く」
Don't let a little problem like this **come between** you.
(こんな小さな問題で言い争わないで)

❸ **have** sth **between** sb「（食糧・金などについて）（人）をみんな合わせて（…）だけある」
They only **had** five dollars **between** the three of them.
(彼らは3人合わせてたった5ドルしか持っていなかった)

❹ **stand between** sb **and** sth「（人）と（…）の間に立ちはだかる」

> 実例を読んで確認してみよう！

(**1**) "Do you remember when the Noh performance starts this evening?"
"Well, no, but it starts sometime between 6:30 and 7:00. So we should be there before 6:30. The program includes two Noh plays, with a Kyogen between them."
(「今日の夕方，いつ能の公演が始まるかおぼえているかい？」
「ああ，いいえ。でも6時半から7時の間ですね。だから6時半までに行けばいい。演目は能が2つと狂言がその間にあるね」)

- **between** 6:30 and 7:00　時間の「〜の間に」(2)
- **between** them (＝two Noh plays)　2つの事物「の間に」(3 ⓐ)

(**2**) "Ken, you know what?"
"No, what?"
"This is just between you and me."
"OK, I promise not to tell anyone."
"Well, this afternoon I heard Hiroshi talking to Ms. Suzuki about quitting school!"
"Really? Recently he has missed a lot of school, and I was afraid something was going on."
(「健，知ってるかな？」
「いいえ，なに？」
「これは君と僕だけの秘密だよ」
「うん，誰にも言わないと約束するよ」
「今日午後ね，博が鈴木先生と退学について話しているのを聞いてしまったんだ」
「本当？博はこのところ欠席が多くて，何かあると心配していたんだ」)

- **between** you and me　2人の「間で」(3 ⓐ)
  - ☞ イディオムとして「秘密だよ」の意味で使いますが，「君と僕の間（だけ）」と，関係(3)から理解できます。

(**3**) What a beautiful hit! Ichiro lined the ball right between the third baseman and the shortstop. He is the best hitter in the league.

V 間を示す between, among, through, during

(素晴らしいヒット！ 一郎はまさに，3 塁手とショートストップの間を抜いてライナーを打った。リーグ一番のバッターだ)

・**between** the third baseman and the shortstop 2 人の占める「位置の間を」(①)

25 among

基本的意味は「〜の間で」を表します。

3人，3つ以上の人々，あるいは場所，物の間の位置について「〜の間で」「〜の中で」という意味で用いられます。

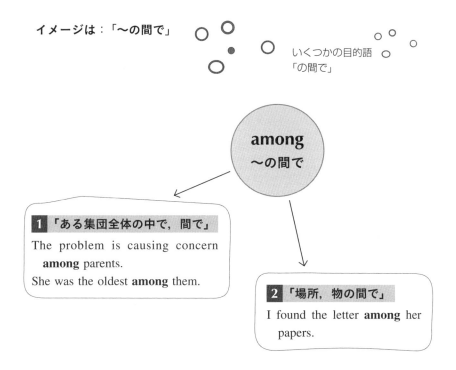

イメージは：「〜の間で」

いくつかの目的語「の間で」

among
〜の間で

1 「ある集団全体の中で，間で」

The problem is causing concern **among** parents.

She was the oldest **among** them.

2 「場所，物の間で」

I found the letter **among** her papers.

V 間を示す between, among, through, during

解説

1 「ある集団全体の中で，間で」

The problem is causing concern **among** parents.
(その問題は親の間に不安をもたらしている)

She was the oldest **among** them.
(彼女は彼らの中で最年長だった)

His money was shared **among** his three children.
(彼の財産は子供3人の間で分けられた)

2 「場所，物の中で，間で」

I found the letter **among** her papers.
(私は彼女の書類の中にその手紙を見つけた)

イディオム

基本的意味の「〜の間で」の使い方（3人，3つ以上の人々，あるいは場所，物の間の位置で）がイディオムの場合にも生きています。

❶ **among other things**「特に，とりわけ」「ほかのものの間で」
They discussed, **among other things**, recent events in Europe.
(彼らは特に最近のヨーロッパ情勢について話し合った)

❷ **among others**「大勢の中でも特に」
The concert was attended by the Prime Minister and the Justice Minister, **among others**.
(コンサートは大勢に交じって首相と司法長官が出席していた)

❸ **among ourselves / yourselves / themselves**「お互いに，内輪（どうし）で」
We talked **among ourselves**.
(私たちは内輪で話し合った)

実例を読んで確認してみよう！

(1) When I was strolling among the camellia trees on the mountain slopes, I heard a bird chirping overhead.
"A bush warbler," I said to myself. I looked up and tried to spot the songbird, but I couldn't. A few minutes later, I heard the song again in the distance.
（山腹の椿の木の間を散歩していたら，頭上で小鳥のさえずりが聞こえました。
「鶯だ」と，見上げて，歌鳥を見つけようとしたのですが，見つかりませんでした。少したって，私は遠くでその鳴き声を再び聞きました）

・**among** the ... trees「木々の間で」（2）

(2) We were making plans for our August summer camp. There were many things to decide. We talked among ourselves for a long time, but we didn't make any progress. Finally we decided to ask for advice from someone with experience. Taro suggested Mr. Sato and said he'd be the best person to consult among the teachers.
（私たちは8月の夏キャンプの計画を作っていました。決めることがたくさんありました。みんなで長い間話し合ったのですが，計画作成は進捗しませんでした。ついに私たちは経験のある人の意見を求めることにしました。太郎が佐藤先生の名前をあげて，相談するには先生方の間では一番の人だと言いました）

・**among** ourselves/the teachers「私たち〔先生方〕の間で」（1）
☞ どちらも何人かの人の「間，中で」

(3) "Cool Biz" is now a warm-season custom in Japan. For men, it means wearing short-sleeved shirts without jackets or ties. This way of dressing is popular among office workers who have to commute on crowded trains and keep working through the hot summer.
（「クール・ビズ」は今では日本の暑い時期の習慣です。男性には，上着やネクタイをせずに半袖のシャツを着ることを意味します。この服装は混んだ電車で通勤し，暑い季節を通して働く会社員の間で人気があります）

・**among** office workers「会社員の間で」（1）

26 through

基本的意味は「(~の中を)通って、通り抜けて」を表します。
通り抜けるのは ① 場所・空間, ② 時間, ③ 関係のいずれも可能です。

イメージは：「(~の中を)通って」

目的語 ⬯ 「(の中を)通って」

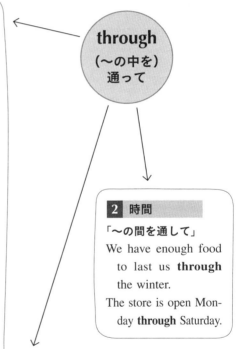

1 場所

ⓐ 「場所・空間を通って」
Two men walked **through** the door.
We drove **through** France to Spain.

ⓑ 「障害を通り抜けて」
I pushed my way **through** the crowd.
The driver went **through** a red light.

ⓒ 「事物・事柄を通って、通して」
The book guides us **through** the procedure of buying a house.
Let's go **through** these documents again.

抽象物を
I don't want to live **through** another experience like that.

2 時間

「~の間を通して」
We have enough food to last us **through** the winter.
The store is open Monday **through** Saturday.

3 関係

「~の手段で、~の原因・理由で」
She got the job **through** a friend.
the number of working days lost **through** sickness

解説

1 場所

ⓐ 「場所・空間を通って」

Two men walked **through** the door.
(2人の男がドアを通って入ってきた)

The oil comes **through** this pipe.
(石油はこのパイプを通ってきます)

We drove **through** France to Spain.
(フランスを通ってスペインへ車で行った)

ⓑ 「障害を通り抜けて」

I pushed my way **through** the crowd.
(人ごみを押し分けて通り抜けた)

The curtains were so thin, you could see right **through** them.
(カーテンはあまりにも薄かったので透けて見えた)

The driver went **through** a red light.
(ドライバーは赤信号を無視して突っ切った)

The bullet went **through** his arm.
(銃弾が彼の腕を貫通した)

They didn't even get **through** the first round.
(彼らは1回戦さえ突破できなかった)

☞ ⓐは，戸口など通り抜けて当然と思われるもの，ⓑは，通り抜けることに障害があるものの場合です。

ⓒ 「事物・事柄を通って，通して」

The book guides you **through** the procedure of buying a house.
(この本は住宅購入の手順を一から十まで教えてくれます)

Let's go **through** these documents again.
(もう一度この書類のすみずみまで目を通そう)

抽象物を

The fault extends **through** the entire system.
(その欠陥はシステム全体に及んでいる)

☞ 「～を通して」というところから，「全体に，すみからすみまで」の意味を表します。

I don't want to live **through** another experience like that.

(そんな体験は二度と味わいたくない)
the bill's passage **through** Congress（法案の議会通過）

2　時間
「〜を通して」と時期・期間などの長さを示します。
We have enough food to last us **through** the winter.
(ひと冬もつだけの十分な食料がある)
The store is open Monday **through** Saturday.
(店は月曜から土曜まで営業しています)

3　関係
「〜の手段で，〜の原因・理由で」
She got the job **through** a friend.
(彼女は友人を通じて仕事を見つけた)
customers who book **through** the Internet
(インターネットを通して予約する客)
the number of working days lost **through** sickness
(疾病により失われた労働日数)

●イディオム

基本的意味の「(〜の中を) 通って」から，halfway（中間点で）+ through で「半分のところに」となります。
halfway through sth「(期間・行事などの) 半分のところで」
We're only **halfway through** the class.
(授業はまだ半分しか済んでいない)

実例を読んで確認してみよう！

(**1**)　"This looks like a shortcut to the hotel through the park. Let's give it a try."

"Oh, no. We were wrong! We've come through the park all right, but this exit is on the opposite side from the hotel. Now we'll have to walk all the way around the park to get back!"

（「これは公園を通ってホテルへの近道に見えるね。行ってみよう。」

「ああ、ダメだ。公園を通り抜けたけれど、この出口はホテルの反対側にある。さて、戻るには公園をずっと回って歩かなくてはならないね」）

・**through** the park「公園という（場所）を通って」（1 ⓐ）

(**2**)　My parents went through many hardships during the war. But through hard work, they both built successful careers.

（私の両親は戦争中、多くの困難に出会いました。しかし、大変な努力を経て、2人とも成功のキャリアを築きあげました）

・**through** … hardships　場所の「〜を通って」を、抽象化して。困難に「（出会って）通りぬけて」（1 ⓑ）

・**through** hard work「大変な努力という手段で」（3）

(**3**)　The library is open from 8 a.m. to 11 p.m. Monday through Saturday.

（図書館は月曜日から土曜日まで、午前8時から午後11時まで開館です）

・Monday **through** Saturday　時間・期間を示し「〜の間中」（2）

比較のトピック through, between, among

「〜の中を，間を」に関係する through, between, among を見てみましょう。

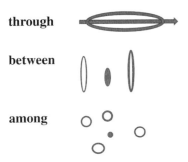

through

between

among

through は，「(〜の中を) 通って，通り抜けて」という基本的意味で，空間・場所から，障害，出来事を通り抜ける表現に使います。時間の場合も同様です。

between は，「(2つの項目) の間を」と表しますが，3項目以上の場合にも用いられ，その場合には，それぞれ2つずつの関係が注視されていると解釈されます。場所，時間に加えて，相違・類似，分配などの関係も表します。

among は，「(3人・3個以上) の間」という意味で，人や場所，物の位置関係を表します。

参考 3項目以上のもの・人に対して，between を使うか among とするかの違いを次のように説明します (EPE)。
  (to) stroll among the trees
  (to) stroll between the trees
では，between を使うと，2本の木の間を (順々に) 通って，のんびりと歩いていく。among の場合には，この「2本の木」の発想はありません。
　この解釈を当てはめると，There are huge differences between the three reports. の説明ができます。レポート A, B, C の間の相違は，A と B, A と C, B と C のそれぞれの間の差異を強調する場合です。

27 during

基本的意味は，時間の「〜の間に」を表します。
ⓐ ある期間の間に起こったことと，ⓑ「〜の間じゅう」です。

イメージは：「〜の間に」ⓐ
　　　　　　「〜の間じゅう」ⓑ

|　　| で表す目的語の
ⓐ「間に」，ⓑ「間じゅう」

ⓐ「〜の間に」
I met him **during** his recent visit.
She heard noises **during** the night.

ⓑ「〜の間じゅう」
The town is busy **during** the summer.
Some animals sleep **during** the day.

V 間を示す between, among, through, during

> 解 説

ⓐ 「〜の間に」

I met him **during** his recent visit.
（彼とは前回来た際に会った）
She heard noises **during** the night.
（彼女は夜中に何度か物音を聞いた）

同じ「〜の間に」でも，I met him … は，状況から一回，noises は複数形から何回かとなります。

ⓑ 「〜の間じゅう」

The town is busy **during** the summer.
（町は夏の間じゅうにぎわう）
Some animals sleep **during** the day.
（動物の中には，昼間は眠っているものもいる）

参考　期間に焦点がある場合には，for を使います。
We worked for [×**during**] a whole week.
（我々は1週間ぶっ続けで働いた）

実例を読んで確認してみよう！

(**1**)　Summer vacation is over. Children are back in school with the results of their "independent researches" which they carried out during the vacation.
　　Some observed when and how morning glories started to bloom during the morning, from before sunrise to noon. Others collected the castoff shells of cicadas. These projects show what the children are interested in.
　　（夏休みが終わりました。子供たちは休暇の間に行った「自由研究」を持って登校してきました。朝顔がいつ，どう開花したか，日の出の前から，正午まで観察した子供もあります。また，蝉の抜け殻を集めた子供もいます。彼らが何に興味を持っているかを示しています）

・**during** the vacation「休暇の間に」（ⓐ）
・**during** the morning, from before sunrise to noon「日の出から正午まで，午前中」（ⓑ）

(**2**)　Animals had a hard time during World War II. There were four elephants in a zoo in Nagoya before the war. They didn't have enough food, and only two survived terrible two and a half years until the war ended.
　　（第2次世界大戦の期間，動物たちもひどい思いをしました。戦争の前，名古屋のある動物園に象が4頭いました。餌が不足して，終戦までの厳しい2年半，2頭だけが生き延びました）

・**during** World War II「～の期間」（ⓑ）

VI

前後関係を示す

after
before
until
since
by

28 after

基本的意味は「〜の後で」を表します。①時間,②場所,③関係に分けて考えましょう。どの分野でも,「〜の後で」の意味を受けついでいます。

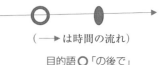

(──▶ は時間の流れ)

目的語○「の後で」

イメージは:「〜の後で」

after
〜の後で

1 時間

ⓐ「〜の後で」
Could you call again **after** 6 o'clock?

ⓑ「〜した後で」
After leaving school, Mackay worked in a restaurant.

ⓒ「〜たったら」
After 10 minutes remove the cake from the oven.

ⓓ「〜の後で (〜したから)」
They're feeling more confident **after** their recent success.

2 場所

ⓐ「〜を過ぎたら」
Turn left **after** the supermarket.

ⓑ「〜の後を」
Go **after** him and apologize.

ⓒ「〜の後ろで」
Remember to close the door **after** you.

ⓓ「〜を狙って」
I think Chris is **after** my job.

ⓔ 順序
Y comes **after** X in the alphabet.

3 関係

ⓐ「〜にちなんで」
His name is Harold, **after** his grandfather.

ⓑ「対照的に」
It felt cold outside **after** the warmth of his room.

> 解 説

1　時間
ⓐ 「～の後で」
　時刻，日にち，ある活動などの「後で」という意味で用います。
　　Could you call again **after** 6 o'clock?
　　（6時過ぎにまた電話していただけますか）
　　I go swimming every day **after** work.
　　（毎日仕事のあとで泳ぎに行っています）
　　the day **after** tomorrow / the week **after** next（あさって〔再来週〕）

　参考　after と past
　　《米》The movie starts at a quarter **after** seven.（映画は7時15分に始まる）
　　《英》イギリス英語では past を用います。

ⓑ 「～した後で」
　　After leaving school, Mackay worked in a restaurant.
　　（卒業後，マッケイはレストランで働いた）

ⓒ 「～たったら」
　after ～ は，時の表記とともに，「～がたったら」という条件を表します。
　　After 10 minutes remove the cake from the oven.
　　（10分たったらオーブンからケーキを出します）
　　It's hard work, but you'll get used to it **after** a while.
　　（大変な仕事ですが，しばらくしたら慣れるでしょう）

ⓓ 「～の後で（～したから）」
　「～の後で」の時間と，そのことをしたことが「理由となって」の意味を含みます。
　　They're feeling more confident **after** their recent success.
　　（最近の成功のあとで彼らは自信を感じている）
　　I was pretty tired **after** walking 25 miles yesterday.
　　（昨日25マイルも歩いたのでとても疲れた）

2　場所
ⓐ 「～を過ぎたら」
　　Turn left **after** the supermarket.
　　（スーパーを過ぎた所で左に曲がってください）

After half a mile you will come to an intersection.
（半マイルほど行くと交差点があります）

ⓑ 「～の後を」
Go **after** him and apologize.
（追いかけて行って彼に謝りなさい）
Harry stood in the doorway gazing **after** her.
（ハリーは戸口に立って彼女を後ろからじっと見つめた）
The police is **after** him for fraud.
（警察は詐欺の容疑で彼を追っている）
☞ どれも，後ろから行く（＝追う），見つめる，追いかける，後ろ姿を追うなどの行動，視線を表します。

ⓒ 「～の後ろで」
Remember to close the door **after** you.
（出たあとはドアをちゃんと閉めなさい）
I hate cleaning up **after** you.
（あなたが散らかしたあとを片づけるのはいやだ）

ⓓ 「～を狙って」
I think Chris is **after** my job.《インフォーマル》
（クリスは私の職を狙っているのだと思う）
☞ 「追いかける」から，「狙い求める」となります。

ⓔ 順序
Y comes **after** X in the alphabet.
（アルファベット順ではYはXの後にくる）
After football, tennis is my favorite sport.
（フットボールの次に好きなスポーツはテニスです）

3 関係
ⓐ 「～にちなんで」
His name is Harold, **after** his grandfather.
（彼の名前はおじいさんと同じ名前で，ハロルドです）
☞ おじいさんの名前があって，それを受け継ぐ順序ともいえる関係です。

ⓑ 対照的に
It felt cold outside **after** the warmth of his room.
（暖かい彼の部屋にいたあとだと，外は肌寒く感じられた）

How can you treat me like this **after** all I've done for you?
(君にあれだけしてあげたのに，このあしらいは何だ)

◆ イディオム

「〜の後で」から，「すべて（all）の後で」→「結局」となるという意味になります。

❶ after all
1.「結局（は）」
   It didn't rain **after all**.（結局雨は降らなかった）
2.「そもそも」
   You shouldn't be upset—**after all**, you asked him to leave.
   (いまさらおろおろするなよ。そもそも彼に出ていくように頼んだのは君なんだぜ)

❷ after you「《話》お先にどうぞ」
   "Do you need the copy machine?" "**After you**."
   (「コピー機をお使いになりますか」「お先にどうぞ」)
   day after day / year after year（毎日毎日〔毎年毎年〕）

❸ one after another / the other「次々と，続々と」

❹ say / repeat sth **after** sb「(人の) 後に続けて (...) を言う〔繰り返す〕」

VI 前後関係を示す after, before, until, since, by

実例を読んで確認してみよう！

(**1**) "Hello. Thank you for calling ABC Bank."
"This is Tadashi Ito. Could I speak to Mr. Suzuki, please?"
"I'm very sorry, but he's not in right now. Shall I have him call you after he gets back?"
"No, thank you. I'll call again after lunch."
(「もしもし。ABC 銀行でございます」「こちらは伊藤正です。鈴木様につないでいただけますか？」「申し訳ありませんが，いま出ております。帰りましたら，お電話させましょうか？」「いいえ，結構です。私が午後，またお電話します」)

・**after** lunch　時間の「～の後で」(1 ⓐ)
☞ **after** he gets back は，接続詞

(**2**) "How can I get to the museum?"
"You see that tall tower? Turn right after passing it and then drive on for a few blocks. The museum will be on your right."
"Okay."
"Look! That red car is going into the museum parking lot. Just follow it!"
(「博物館の行き方は？」「あの高いタワーが見えるでしょう？ あれを過ぎたら右折して，2つか3つのブロックを行ってください。博物館は右にあります」「はい」「あ，あの赤い車が博物館のパーキングへ入って行きます。後について行ってください」)

・**after** passing ...　動名詞を目的語に「～した後で」(1 ⓑ)

(**3**) "It is difficult to remember the order of books in the Old Testament. Is the Book of Job before or after Psalms?"
"It's before the Book of Psalms."
(「旧約聖書の書の順序を記憶するのは難しいです。ヨブ記は詩編の前ですか，後ですか？」「詩編の前ですよ」)

・**after** Psalms　順序を示す「～の後」(2 ⓔ)

(**4**) "Your first name, Furora, seems rather unusual for a Japanese woman. Are you named after someone called 'Flora'?"

"Well, yes and no. I'm not named after any actual person. But my father was an office worker who had always wanted to run a flower shop. He knew he'd probably never be able to achieve that goal, so when I was born he decided to name me after the Roman goddess of flowers, Flora."

(「あなたの名前のフロラは日本人の女性には，どちらかというと珍しいですね。誰か Flora という名の人にちなんでのことですか？」「ええ，そうとも，そうでないとも言えます。実在の人にちなんだのではありません。でも，父は会社員だったのですが，ずっと花屋をしたいと願っていました。多分その目標は達せないと思っていたので，私が生まれたとき，ローマ神話の花の女神フローラにちなんで名づけたのです」)

・name **after** ～「～にちなんで名づける」(3 ⓐ)

29 before

基本的意味は「〜の前に」を表します。

1 時間と, 2 場所に分けて考えましょう。いずれも「〜の前に」の意味を受けついでいます。

イメージは:「〜の前に」

目的語 ○「の前に」

before
〜の前に

1 時間

ⓐ「日時の前に」
I visited them just **before** Christmas.
the day **before** yesterday
the night / week / year **before** last

ⓑ「〜が〜する前に」
We lived in New York **before** moving to Chicago.
She arrived home **before** me.

2 場所

ⓐ「(場所・場面) の前に」
Turn left just **before** the fire station.
The proposal was put **before** the committee.

ⓑ「(順番の) 前に」
In the alphabet, C comes **before** D.
優先順位で
He puts his family **before** his work.

ⓒ「対処すべきこと, 前途に」
Great challenges lie **before** us.
You have your whole life **before** you.

解　説

1　時間
ⓐ 「日時の前に」
　I visited them just **before** Christmas.（クリスマスの直前に彼らを訪ねた）
　We should finish the job **before** the end of the week.
　（週末前にその仕事は終わるだろう）

時期・日にち・時間の「前に」
　the day **before** yesterday（おととい，一昨日）
　the night / week / year **before** last（おとといの夜〔先々週，一昨年〕）

ⓑ 「～が～する前に」
　We lived in New York **before** moving to Chicago.
　（私たちはシカゴに移る前はニューヨークに住んでいた）
　☞ -ing 形などを使って，ある動作・活動の「前に」を表します。
　She arrived home **before** me.（彼女は私より先に家に着いた）
　☞ before me は「（私が到着する）前に」の意味です。

2　場所
ⓐ 「(場所・場面の) 前に」
　Turn left just **before** the fire station.（消防署の直前を左に曲がってください）
　The hotel is about 100 yards **before** the church.
　（ホテルは教会の 100 ヤードくらい手前にある）
　The proposal was put **before** the committee.（その案が委員会に提出された）
　The men will appear **before** the judge next week.
　（その男たちは来週出廷することになっている）
　The highway stretched out **before** them.《フォーマル》
　（彼らの前にハイウェーが延びていた）

ⓑ 「(順番の) 前に」：位置から順番の「前」を表します。
　In the alphabet, C comes **before** D.（アルファベットで C は D の前にくる）
　In the word "receive," does the *i* go **before** or after the *e*?
　（receive という綴りでは，i は e の前ですか，後ろですか）
　This lady was **before** you, sir.（こちらのご婦人の順番が先でございます）
　「**優先順位で**」：さらに，抽象的に尊重度で，「前」となります。
　He puts his family **before** his work.（彼は仕事より家庭を優先している）

VI 前後関係を示す after, before, until, since, by

Quality should come **before** speed. (スピードより品質を重視すべきだ)

ⓒ **「対処すべきこと，前途に」**《フォーマル》：面と向かう位置から「直面すること」として使われます。

Great challenges lie **before** us. (大きな挑戦が我々を待ち受けている)

You have your whole life **before** you.
(君の前途には人生が丸ごと広がっている)

➡ イディオム

「～（後にくる語句）の前に」が基本です。
before long「そのうち，すぐに」
We'll know the truth **before long**. (そのうち真相がわかるだろう)
Before long a crowd had gathered outside the building.
(やがて建物の外に人が集まった)

実例を読んで確認してみよう！

(**1**) At five minutes <u>before</u> 10:00, we all entered the temple building. Buddhist priests entered, in a line, stood <u>before</u> the altar, and began to recite sutras.

（10時5分前に，私たち一同はお寺の中にはいりました。僧侶たちが一列になって入り，佛壇の前に立って，お経を唱え始めました）

- five minutes **before** 10:00　時間「の前に」（1 ⓐ）
- **before** the altar　場所の「<u>前に</u>」（2 ⓐ）

(**2**) <u>Before</u> starting her lecture, our professor usually gives us time to ask questions about the assigned reading.

（講義に入る前に，教授は，私たちが予習読書の課題について質問する時間をいつも設けてくれます）

- **before** starting ...　動名詞の前で，時間の「<u>～する前に</u>」（1 ⓑ）

(**3**) Our plans for rebuilding the company have been adopted by the shareholders. The huge job of carrying them out now lies <u>before</u> us.

（会社再建のための我々の計画は株主により採用されました。その大仕事の実行が我々の直面するところです）

- lie **before** us　場所の「前に」から，抽象化して「<u>対処すべき</u>」（2 ⓒ）

比較のトピック after, before

時間を示すために使うことの多い after と before です。

after「〜の後で」は，時間の「〜の後，〜したら，〜たったら」，場所では「〜を過ぎたら，〜の後を，〜の後ろで」，転じて「〜を狙って」，さらに，関係「〜にちなんで」などを表します。

before「〜の前に」は，時間の「前に，〜する前に」，順番，場所，（目の前で）対処すべきことなどを表します。

30 until （till は特に話す表現で）

　基本的意味は「～までずっと」と，ある時点までの継続を表します。till も同じ意味ですが，until よりくだけた感じで話しことばでよく使われます。

イメージは：「～まで，ずっと」

目的語○「まで，ずっと」

until
～まで，ずっと

時間・年月・期間
The meeting went on **until** 6:30.
She didn't return **until** the following year.
It's only two weeks **until** my vacation.

解説

時間・年月・期間

「〜まで, ずっと」

The meeting went on **until** 6:30. (会議は 6 時 30 分まで続いた)

I'll be working here **until** the end of the month.
(月末までここで働くつもりです)

She didn't return **until** the following year. (彼女は翌年まで戻らなかった)

It's only two weeks **until** my vacation. (休暇までたったの 2 週間だ)

☞ 上の例, only two weeks のように, until の前に期間を表す表現を入れることもあります。

イディオム

❶ **not until** sth「〜になってようやく」

It was **not until** 1972 that the war finally ended.
(1972 年になってようやく戦争が終わった)

❷ **up until** sth「〜までずっと」

Up until last year, they didn't even own a car.
(昨年まで彼らは車さえ持っていなかった)

☞ up ... even は強調を加えます。

実例を読んで確認してみよう！

(**1**) "How long can you stay in Japan?"

"Only until the end of August. I have to be back home by September 3, and the whole trip will take twenty-four hours from Narita. I'm afraid we won't be able to finish our research by then."

"Don't worry. We still have two weeks. If we work hard until you leave, we'll be able to finish the work."

（「いつまで日本にいられるの？」「8月の終わりまでだけね。9月3日までに家へ帰っていなくちゃならないし、旅行は成田から24時間かかる。われわれの研究はそれまでに終わらないんじゃないかな」「心配ないよ。まだ2週間ある。君の出発までしっかりやれば、作業を終えることができるね」）

・**until** the end of ...「（終点まで）〜が続く」
次の文の by が「ある点までの期間のどこかに」となるのと比較しましょう。
☞ 最後の文の until は、次に主語＋動詞の構文を伴う接続詞です。

(**2**) Negotiations went on and on. It wasn't until midnight that they reached an agreement.

（交渉は延々と続いた。やっと同意に達したのは夜中だった）
（直訳：夜中になるまで、彼らは同意に達しなかった）

・**until** midnight「夜中の12時ごろまで延々と続いた」
その時点までの「継続と到達」を表します。

31 since

基本的意味は「〜以来」を表します。
since は「時」についてだけ用いられ，多くは現在完了形とともに使われます。

イメージは：「〜以来」
目的語○「〜以来」

「〜（して）以来」
Sarah's been sick **since** Friday.
Since competing in last year's tournament, she hasn't played at all.

解説

「〜以来」

Sarah's been sick **since** Friday.
（サラは金曜日から病気です）

Since competing in last year's tournament, she hasn't played at all.
（昨年のトーナメントに出て以来，彼女は全くプレーしていない）
☞「〜して以来」動名詞を目的語に

Ever **since** seeing the movie, I've had nightmares.
（その映画を見てからずっと悪夢にうなされていた）
☞「〜以来，ずっと」を強調するときには，ever since とします。

142

実例を読んで確認してみよう！

(1) "Did you see Nora in class this afternoon?
"No, she has been absent since Tuesday. I'm afraid she may be sick."
（「今日の午後，ノラに会った？」
「いいえ，彼女は火曜日から欠席している。病気かと心配だなあ」）

- **since** Tuesday　時の「～から，以来」

(2) I graduated from college in 2001, and I haven't seen my roommate since then.
（私は 2001 年に大学を卒業しました。それ以来，ルームメートに会っていません）

- **since** then　時の「～から，以来」

32 by

基本的意味は，大きく2つに分けられます。①は行為者・手段・方法・（判断の）基準とその程度を「〜によって」と表すもの。②は，近接を表して，ⓐ時間は「〜までに」，ⓑ場所は「〜のそばに」となります。

①と②の間に，「近接」の共通点を認める可能性もあり，「行為者は近くにいるから」と説明する言語学者もいます。しかし用法としては，かなり差異があるので，2分して扱いましょう。

イメージは：
①「〜によって」
②「〜までに，〜のそばに」

（→は時の流れ）

①目的語 ○「によって」
②目的語 ○「までに，そばに」

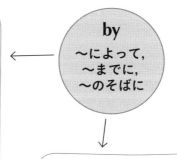

by
〜によって，
〜までに，
〜のそばに

1 行為者・行為・手段

ⓐ 行為者
Jim was bitten **by** a dog.
Is the play **by** Shakespeare?

ⓑ 手段・方法
You can reserve tickets **by** phone.
by car / train / plane / bus
by air / sea / land

「〜をつかんで」
Pick the pot **by** the handle.

ⓒ 基準
You must play **by** the rules.
I'm a lawyer **by** profession.

計算の基準として
These workers are paid **by** the hour.
What's 48 divided **by** 4?

2 近接

ⓐ 時間
I'll be home **by** 9:30.
The report must be ready **by** next Friday.

ⓑ 場所
She was standing **by** the window.
a house **by** the ocean

「〜を通って」
Enter **by** the back door.

> **解 説**

1 行為者・手段・方法

ⓐ 行為者

Jim was bitten **by** a dog.
(ジムは犬にかまれた)

Is the play **by** Shakespeare?
(その劇はシェークスピアの作ですか)

The plan was criticized **by** teachers.
(その計画は教師たちに非難された)

paintings **by** Picasso (ピカソによる絵画)

> **参考** by ～ で行為者を表し，受け身用法で使われます。the play *by* Shakespeare は，the play written *by* Shakespeare で，「シェークスピアによって作られた戯曲」です。

ⓑ 手段・方法

You can reserve tickets **by** phone.
(電話でチケットが予約できます)

She earns extra money **by** babysitting.
(彼女はベビーシッターをして副収入を得ている)

by car/train/plane/bus (車〔電車，飛行機，バス〕で)

by air/sea/land (空路〔海路，陸路〕で)

☞ by ～ が手段・方法を表します: by phone (電話で，電話をかけて)
　「～を使って」の意味で，道具を表す場合には with ～ です。

I tried to eat with / × **by** chopsticks. (私ははしで食べてみようとした)

「～をつかんで」

She grabbed him **by** the arm.
(彼女は彼の腕をつかんだ)

Pick the pot up **by** the handle.
(なべの取っ手をつかんで持ち上げなさい)

ⓒ (判断の) 基準とその程度

You must play **by** the rules.
(ルールに従ってプレーしなければならない)

By their standards it was a poor performance.
(彼らの基準からすると，下手な演奏だった)

I'm a lawyer **by** profession.（職業は弁護士です）
She is French **by** birth.（彼女はフランス出身だ）

☞ 基準には「基準」と述べるもの，ルール，生まれ，職業などを判断の基準とするもの，また，以下のように数値を述べて基準とするものがあります。

計算の基準として

The price of oil fell **by** \$2 a barrel.
（石油の価格が 1 バレルにつき 2 ドル下がった）
We only missed the train **by** two minutes.
（たった 2 分の差で電車に乗り遅れた）
The living room is 10 feet **by** 13 feet.
（居間は横 10 フィート，縦 13 フィートです）
These workers are paid **by** the hour.
（これらの従業員たちは時間給だ）
What's 48 divided **by** 4?
（48 を 4 で割るといくつですか）

2 近接

ⓐ 時間：「～までには」

I'll be home **by** 9:30.（9 時半までには家に帰ります）
The report must be ready **by** next Friday.
（次の金曜日までに報告書を準備しておかなければならない）

ⓑ 場所：位置・経路：「～のそばに，そばを通って」

She was standing **by** the window.（彼女は窓辺に立っていた）
a house **by** the ocean（海辺の家）
The railroad goes right **by** our house.
（鉄道がうちのすぐそばを通っている）

「～を通って」

Enter **by** the back door.（裏口からお入りください）

◆ イディオム

基本的意味「～によって」のうち，行為者を表す用法，基準を表す用法から理解できます。

行為者を表す用法から

❶ (all) by yourself / itself etc.
1.「一人〔それ〕だけで」
He's spending Christmas **by himself**.
(彼はクリスマスを独りぼっちで過ごしている)
2.「自力で〔ひとりでに〕」
The girls made the cookies **all by themselves**.
(女の子たちは自分たちだけでクッキーを作った)

基準を表して

❷ **by day / night**「昼〔夜〕に」
a tour of Paris **by night** (夜のパリ観光)

❸ **by the hour / minute**「刻々と」
The problem was going more serious **by the hour**.
(その問題は刻々と深刻さをましていった)

❹ **day by day / little by little** etc.「日ごとに〔少しずつ〕」
Day by day he grew weaker. (日ごとに彼は衰弱していった)

❺ **by the way**《話》(《やや古》**by the by** とも)「(話題を変えて) ところで, それはそうと」
Oh, **by the way**, your mother called while you were out.
(あっ, それはそうと, あなたが出かけていた間にお母さんから電話がありましたよ)

❻ **by mistake**「間違って, 手違いで」

❼ **by chance / accident**「偶然に」
I met an old friend **by chance** on the train. (電車の中で旧友にばったり出会った)

❽ **by far**「はるかに, 断然」
Godard's first film was better **by far**. (LEE)
(ゴダールの最初の映画ははるかによかった)

VI　前後関係を示す after, before, until, since, by

実例を読んで確認してみよう！

(1)　*Anne of Green Gables*, written by Lucy Maud Montgomery, has been very popular among young and old since its publication in 1908. It has been translated into twenty languages, and in Japan the TV broadcasts by NHK always get high audience ratings.

（ルーシー・モード・モンゴメリー著の『赤毛のアン』は 1908 年の出版以来，老いも若きもすべての間で大変人気があります。20 か国語に翻訳されて，日本では NHK によるテレビ放映がいつも高い視聴率です）

- **by** Lucy Maud Montgomery「〜による（作品）」行為者を表す。（①ⓐ）
- the TV broadcasts **by** NHK「NHK によるテレビ放映」行為者。（①ⓐ）

(2)　The suspect was standing by the phone booth. A policeman, approaching from behind, grabbed him by the arm. The suspect struggled, but in vain.

（容疑者は電話ボックスのそばに立っていた。警官が後ろから近づき，その腕をさっとつかんでつかまえた。容疑者は抵抗したが，とりおさえられた）

- **by** the phone booth「電話ボックスの近くに」近接した場所を表す。（②ⓑ）
- **by** the arm「腕をつかむことによって」手段。（①ⓑ）

(3)　"I'll be at the theater by 6:00. Is that early enough?"
"Sure. I'll arrive around that time, too. By the way, are you coming by bus? It's very convenient, because the bus stop is right in front of the theater."

（「6 時までには劇場に行っています。間に合いますか？」「もちろん。私もその頃着きます。ところで，バスできますか？バス停は劇場のまさに正面にあるから便利ですよ」）

- **by** 6:00「〜までには」時間を表す。（②ⓐ）
- **by** bus「〜によって」手段・方法を表す。（①ⓑ）
- **by** the way「ところで，それはそうと」話題を変えるときの表現。（イディオム）

比較のトピック until, by

until

by 時の表現で

by には，時を表す以外にいろんな用法がありますが，まず，until と比べて，時の表現を見ましょう。

until は「〜までずっと」と，ある時点までの継続を表します。**till** も同様です。

by は，同様に「〜までに」ですが，その点までの継続ではなく，それより前のある時点での終了を表します。

{ I'll wait for you **until** 6:00. (6時までは待ちます)
I'll finish the book **by** Monday. (月曜日までには，その本を読み終わります)

{ According to the forecast, the rain will continue **until** tomorrow morning.
(天気予報によれば，雨は明日の朝まで続くでしょう)
According to the forecast, the rain will be over **by** the time we start tomorrow morning.
(天気予報によれば，雨は明日の朝，われわれが出発する前までにはやむでしょう)

まとまりを示す

of
with
within
without

33 of

基本的意味は「まとまり」で，ⒶとⒷが，[1]「1つのまとまり」，[2]「全体と一部」の関係，[3] 時間（のまとまり），加えて，[4] 構文関係を表すものもあります。

イメージは：「まとまり」

ⒶとⒷが，大きくは，右図のまとまりです。

（Ⓐ + Ⓑ） 目的語○として「まとまり」

[1] 1つのまとまり

(a) Ⓐ＝Ⓑの関係
the city **of** New Orleans
the problem **of** unemployment （LEE）

(b) 深い関係
the king **of** Spain
the people **of** Malaysia

(c) 特徴・状態の帰属
(i) ⒶはⒷの特徴・状態
the brightness **of** the sun
the color **of** your shirt

(ii) ⒷはⒶの特徴・状態
a woman **of** great determination

(d) 近接
a town 50 miles south **of** Cambridge

[2] 関係

(a) 全体と一部
(i) 所属，物体・場所とその一部
a member **of** the club
one wall **of** the house
a friend **of** Mark's

(ii) 量・数の構成
a herd **of** elephants
a pound **of** cheese

入れ物と内容物
a bag **of** nails

(b) 原因・起因・材料
He died **of** cancer.
the plays **of** Shakespeare
a house made **of** brick

of まとまり

[3] 時間

the presidential election **of** 1825

[4] 構文関係

(a) Ⓐ（動作）— Ⓑ（目的語）
the murder **of** a wealthy businessman

(b) Ⓐ（動作）— Ⓑ（主語）
the arrival **of** a visitor

解 説

1 **1つのまとまり**

ⓐ　Ⓐ と Ⓑ が同じということで，記号の＝で示せる関係，言い換えると同格関係で，Ⓐ に Ⓑ が説明を加えている場合です。

the city **of** New Orleans（ニューオーリンズ市）

☞　日本語では「〜の」とはならず，「ニューオーリンズ市」と複合語になる傾向があります。

the problem **of** unemployment　（LEE）（失業（者・率）問題）

ⓑ　**深い関係**：of 以下の部分 によって説明され，限定されたひとまとまりを示します。

the king **of** Spain（スペイン国王）

the people **of** Malaysia（マレーシアの国民）

ⓒ　**特徴・状態の帰属**

ⅰ　Ⓐ は Ⓑ の特徴・状態を示します。

the brightness **of** the sun（太陽の輝き）

the color **of** your shirt（君のシャツの色）

ⅱ　Ⓑ は Ⓐ の特徴・状態を示します。

a woman **of** great determination（決意の固い女性）

☞　a woman（女性）の性格として，「決意が固い」ことを表します。

ⓓ　**近接**：ひとまとまりとするのは少々無理ですが，近接の2点，方向をまとめます。

a town 50 miles south **of** Cambridge

（ケンブリッジの南方50マイルにある町）

to the right／left **of** sth（(…) の右〔左〕側に）

2 **関係**

ⓐ　**全体と一部**：Ⓐ は，全体を示す Ⓑ の部分という関係を示します。

ⅰ　**所属，物体・場所とその一部**

a member **of** the club（クラブの会員）

☞　クラブという全体の一部，一員を表します。

one wall **of** the house（家の外壁の1枚）

ⅱ　**量・数の構成**

a herd **of** elephants（象の群れ）

a pound **of** cheese（1 ポンドのチーズ）

☞ of の後の名詞がどれほどの数・量であるかを前の名詞が示します。象の場合には、ある数の象の一群、チーズのような数えられない名詞の場合では、その1ポンドというように表します。

入れ物と内容物

a bag **of** nails（くぎが入った袋）

a can **of** lemonade（1缶のレモネード）

☞ 入れ物と中に入っている物で1つのまとまりとなります。

ⓑ **原因・起因・材料**

He died **of** cancer.（彼はがんで亡くなった）

the plays **of** Shakespeare（シェイクスピアの戯曲）

a house made **of** brick（れんが造りの家）（LEE）

3　時間

以下は、Ⓐ＝Ⓑと、Ⓐが起こった / 行われたのはⒷの時と示します。時間についても、ⒶとⒷの結びつきが強く、「1つのまとまり」のイメージです。

the presidential election **of** 1825

（1825年の大統領選挙）

参考　**in との違い**：in を使って、the presidential election in 1825 とすれば、「その年にあった選挙」という意味で、年との関連の度が低いといわれます。of の場合には、その年との結びつきが強調されます。

the events **of** the past week（この一週間の出来事）

4　構文関係

Ⓐ Ⓑは、両方とも名詞表現ですが、主語と動作ないし、動作と主語の関係を表します。

ⓐ **意味上の動作・行為Ⓐとその目的語にあたるⒷの関係にあるもの**

the murder **of** a wealthy businessman（裕福な実業家の殺害）

☞ 「〜を殺すこと」と「裕福な実業家」の両者の関係を of で結んだ2つの名詞で表現します。

ⓑ **意味上の主語Ⓑと、行為にあたる動作を示す語Ⓐの関係にあるもの**

the arrival **of** a visitor（客の到着）

☞ visitor が到着するという表現です。

He's always been frightened **of** spiders.

（彼は前々からずっとクモを怖がっている）
- 感情を表す表現として，受け身形 be frightened of を使いますが，クモが彼を怖がらせているという関係です。

VII まとまりを示す of, with, within, without

実例を読んで確認してみよう！

(1) We're having houseguests, a group <u>of</u> four people from New Orleans, this weekend. One <u>of</u> them is a vegetarian. She doesn't eat meat or fish. I want to serve them real Japanese dishes. I know <u>of</u> lots <u>of</u> good vegetable dishes. But there is a difficulty. You know what we use as stock for most seasoning? One kind, *kobu*, is a vegetable, but another, *katsuobushi*, or bonito shavings, is not. Even in simmered vegetable dishes, bonito shavings are very often used. I have to find out how to cook Japanese dishes without these dried fish shavings before our guests arrive.

> (今週末，ニューオーリンズから4人のグループの泊り客が来ます。その一人はベジタリアンです。彼女は肉も魚も食べません。本物の日本料理をご馳走したいのです。私はおいしい野菜料理をいろいろと知っています。しかしある問題があります。味付けのだしに何をよく使うか知っているでしょう？ 1つの種類，昆布は植物ですが，もう1つの鰹節はそうではありません。煮た野菜料理にさえ鰹節はとてもよく使われます。この乾いた魚の削り節を使わないで日本料理をどうやって作るか，お客が来る前に見つけなくてはなりません)

- a group **of** four people「4人から成るグループ」数の構成。(②ⓐⅱ)
- one **of** them「彼らの1人」全体と一部。(②ⓐⅰ)
- know **of** 〜「〜を(〜について)知っている」動詞と of の後の名詞(句)を結ぶ句動詞。
- lots **of** good vegetable dishes　lots of/a lot of はイディオムと扱われますが，(②ⓐⅱ)と同じく，量・数の構成と考えられます。

(2) It turned out that our vegetarian guest likes tofu very much. I was relieved to learn that, and so I prepared chilled tofu with grated ginger, sliced green onions, and soy sauce, and she liked it. She said it was very refreshing, and she wanted to prepare it herself on hot days. I tried tofu hamburgers, too. Hamburgers are usually made <u>of</u> meat, but this time I made them with tofu, onions, and seasonings and served them with tomato ketchup. She enjoyed them, and the non-vegetarian guests

liked them, too.

(ベジタリアンのお客は豆腐が大好きなことがわかりました。それを知って私はほっとして，冷やした豆腐にすりおろしのしょうが，薄切りのねぎと醤油を添えて用意したところ，彼女の好みにあいました。とてもさわやかで，暑い日には自分で作りたいと言いました。私は豆腐ハンバーガーも作ってみました。ハンバーガーはふつう肉で作るのですが，今回，私は豆腐，たまねぎ，調味料で作り，トマトケチャップをそえて出しました。彼女はその料理を楽しんでいましたし，ベジタリアンでないお客たちも，料理を気にいってくれました）

・are ... made of meat, ...「<u>〜</u>で作られている」（2 ⓑ 材料）

34 with

　基本的意味は「1つの集合，まとまりの形成」です。その中で，[1] 名詞を中心としたまとまり，[2] 動詞とともに用いたまとまり，[3] 行動・感情の対象とのまとまりとなります。さらに，[4] with のもともとの意味の「相手との争い」を表す使い方があります。

イメージは：「1つのまとまりの形成」

Ⓐ ＋ Ⓑ

目的語 ○ が
● といろいろな
「まとまりの形成」

[1] 名詞を中心としたまとまり

ⓐ Ⓐと同類のⒷとのまとまり
I saw him **with** that Jones girl.
I always wear these shoes **with** this dress.

ⓑ ともにある単位を構成
ⅰ ⒷはⒶの部分として
The meal comes **with** fries and a drink.
a book **with** a green cover

ⅱ 所有者・携帯者と所有・携帯物
the man **with** the gun
She came back **with** a letter in her hand.

with
1つのまとまりの形成

2 動詞とともに

ⓐ Ⓑは，道具・手段・材料
We eat **with** our fingers.
What will you buy **with** the money?
Her boots were covered **with** mud.
Fill the bowl **with** sugar.

ⓑ Ⓑと共同作業
I used to play chess **with** him.
Discuss the problems **with** your teacher.
a Democrat who voted **with** the Republicans

ⓒ Ⓑ は付帯状況
She was standing **with** her back to me.
We lay in bed **with** the window open.

ⓓ やり方・様子
He prepared everything **with** great care.

ⓔ Ⓑの表す事実・状況が原因となって
They were trembling **with** fear.
I can't do my work **with** all this noise going on.
With the kids at school now, I have more time for my hobbies.
The wine improves **with** age.

3 行動の対象

ⓐ ものを対象に：扱い方
Be careful **with** that glass.
Is there something wrong **with** your phone?
He prepared everything **with** great care.

ⓑ 感情・意向を対象に
He's in love **with** you.
We're very pleased **with** your progress.

ⓒ 対象から遊離して
I'm reluctant to part **with** the money.
The ceremony is a complete break **with** the tradition.

4 争いの相手〜に対し（原意）

They're always arguing **with** each other.
an argument **with** my parents

VII まとまりを示す of, with, within, without

> **解 説**

with の前後の名詞が，1つの集合を形成します。Ⓐ of Ⓑの of の場合と比較すると，Ⓐ with Ⓑでは，ⒶとⒷは融合するのではなく，それぞれの性格を保ったまま，まとまります。

1 名詞を中心としたまとまり
1つの単位・状況を形成

ⓐ Ⓐの同類のⒷとのまとまり
I saw him **with** that Jones girl.
(彼が例のジョーンズさんのところの娘といるのを見かけた)
I always wear these shoes **with** this dress.
(このドレスのときはこの靴を合わせることにしているんです)
☞ 彼とジョーンズさんの娘という2人，ドレスと靴という身に着けるもの，という「同類」の人・物のまとまりを表します。

ⓑ ともに，ある単位を形成
Ⓐの全体の中に，Ⓑが含まれているという集合です。

ⅰ ⒷはⒶの部分として
The meal comes **with** fries and a drink.
(食事にはフライドポテトと飲み物が一品付いてきます)
☞ 動詞 come が間にありますが，the meal **with** fries and a drink という構成です。
a book **with** a green cover (緑色の表紙の本)
☞ 食事には，フライドポテトと飲み物が含まれ，本には緑色の表紙がついている場合です。

ⅱ 所有者・携帯者と所有・携帯物
the man **with** the gun (銃を持った男)
She came back **with** a letter in her hand. (彼女は手紙を手にして戻ってきた)
have/bring/take sth **with** you
(〜を持ち合わせている〔持ってくる，持って行く〕)
☞ ⒶがⒷを持っているという一体化を示すものです。

2 動詞とともに
動詞（目的語）with Ⓑで，Ⓑは，主語となる人・物などとの共同作業，付

帯状況，やり方・様子，行為の道具・手段・材料を示します。

ⓐ Ⓑは，道具・手段・材料

We eat **with** our fingers.（私たちは指を使って物を食べます）

What will you buy **with** the money?（そのお金で何を買うの？）

Her boots were covered **with** mud.（彼女のブーツは泥だらけだった）

Fill the bowl **with** sugar.（ボウルいっぱいに砂糖を入れてください）

ⓑ **Ⓑと共同作業**

I used to play chess **with** him.（彼とよくチェスをしたものです）

Discuss the problem **with** your teacher.

（担任の先生とその問題について話し合いなさい）

a Democrat who voted **with** the Republicans（共和党に票を投じた民主党員）

☞ 行動をしている人（上の最初の文では I，第 2 の文では，省略されている you）が with の後のⒷとともに作業・行動をしています。

ⓒ Ⓑは，付帯状況

She was standing **with** her back to me.

（彼女は背中をこっちに向けて立っていた）

We lay in bed **with** the window open.（窓を開けたままベッドで寝ていた）

☞ with 以下のⒷは，その場の状況をⒶに関係づけて述べるものです。

ⓓ **やり方・様子**

He prepared everything **with** great care.

（彼は万事念には念を入れて準備した）

A rocket exploded **with** a blinding flash.

（ロケットは目もくらむような光を放って爆発した）

☞ Ⓑは，Ⓐに伴ったやり方・様子を表します。

ⓔ **Ⓑの表す事実・状況が原因となって**

They were trembling **with** fear.（彼らは怖くて震えていた）

I can't do my work **with** all this noise going on.

（こんなにうるさくちゃ仕事できないよ）

With the kids at school now, I have more time for my hobbies.

（今では子供が学校に通っているので，趣味に使える時間が増えています）

The wine improves **with** age.（ワインは年を経るとともにおいしくなる）

3 行動の対象

with Ⓑで，Ⓑは，行動の対象を示します。

ⓐ **物を対象に：扱い方**
Be careful **with** that glass.（そのグラスは扱いに注意しなさい）
Is there something wrong **with** your phone?
（そっちの電話，どこかおかしいの？）

ⓑ **感情・意向の対象に**
He's in love **with** you.（彼は君のこと好きなんだよ）
We're very pleased **with** your progress.
（あなたの上達ぶりには大満足ですよ）

ⓒ **対象から遊離して**
I'm reluctant to part **with** the money.（その金を手放す気にならない）
The ceremony is a complete break **with** tradition.
（その式典はまったく伝統とは隔絶したものだ）
☞ 動詞 part，名詞句 a complete break と遊離を表すために，この意味となったものです。

4 争いの相手〜に対し（= against）［with の原意］
They're always arguing **with** each other.
（彼らはいつも言い合いばかりしている）
an argument **with** my parents（両親とのけんか）
☞ これは，他の用法の「集合」とは反対方向ですが，with の原意（もともとの意味）が残っているものです。

◆ イディオム

「1つの集合，まとまりの形成」から「一緒に，ともに」となります。

❶ **(and) with that**「そう言う〔する〕と（すぐに）」
He gave a little wave **and with that** he was gone.
（彼はちょっと手を振ると，そのまま行ってしまった）
☞ 手を「振る」という動作が，主な行為と一緒に起こっているという表現となります。

❷ **be with** sb《話》「(人)の言うことがわかる」
Sorry, **I'm** not **with** you.
（すみませんが，あなたの言っていることがわかりません）
Are you **with** me?（私の言っていることがわかりますか）

実例を読んで確認してみよう！

(1) "Hi, Bob! You have a lot of potatoes there. What are you going to do with them?"

"They're for the curry I'm making for our get-together this evening. You're coming, aren't you?"

"Sure. I'm looking forward to it."

"Say, could you drive me to the supermarket now? I need to get a few more things and your car sure would be useful!"

"No problem. I'm free this morning."

"Aki is coming with us. She's waiting over there."

"The girl with the baseball cap on?"

"Right."

"Why don't you put the potatoes away and bring Aki? I'll meet you at the corner with my car in five minutes."

(「こんにちは，ボブ！ ジャガイモがたくさんあるね。何をするの？」「夕方のパーティーのためにカレーを作るんだよ。来るだろう？」「もちろんよ。楽しみにしてるわ」「ねえ，今，スーパーまで車で連れてってもらえないかな。少しまだ要るものがあって，よければ君の車が役に立つんだがな」「いいわよ。午前中は予定がないから」「アキが一緒に行くよ。あそこで待っている」「あの野球帽をかぶった人？」「そう」「ジャガイモを片付けてアキと一緒に来てね。5分後に車をあの角に止めて待っているわ」)

- do **with** them　それら「を」行動の対象。(③ⓐ)
- come **with** us　私たちと「一緒に」同類のまとまり。(①ⓐ)
- the girl **with** the ... cap on　帽子を「かぶった」携帯物。(①ⓑⅱ)
- **with** my car　車を「とめて」所有物。(①ⓑⅱ)

(2) There's something wrong with my computer. Yesterday I wrote my homework on it and saved it with great care. But this morning I can't find it anywhere. I don't know what to do. Ms. Kelly is going to be really angry with me.

(コンピュータの具合がなにかおかしい。昨日，宿題を書き入れて，注意してセー

ブしたのに。今朝，どこにも見つからないのだ。どうしていいかわからない。ケリー先生にまさに怒られるだろう）

- wrong **with** my computer　コンピュータに「ついて」様子。(2 ⓓ)
- save it **with** ... care　「(注意)して」やり方。(3 ⓐ)
- angry **with** me　私に「対して」行動の対象。(3 ⓑ)

比較のトピック of, with

of と with は,「(1つの) まとまりを形づくる」という共通性があります。この2つは,それぞれかなり広い意味領域を持っているので,簡単にイメージ化は難しいところですが,基本的意味の特徴は,次のように捉えられます。

of は,1つのまとまりとしてⒶ=Ⓑの関係,または,大きな Ⓐ の一部として Ⓑ が存在する場合と,その反対の場合などがあります。

of

with は,ⒶとⒷが1つのまとまりを形成する場合,of とは違って,Ⓐと Ⓑは同種類であっても別々のものです。また,両者が共同作業をする場合にⒶの置かれた状況をⒷが表す場合,Ⓑが道具・手段・材料を表す場合などがあります。

with ●+○
　　　Ⓐ + Ⓑ

比較のトピック of, from

「〜から作る,できた」などと,材料・原料を扱う場合を見ましょう。

of
　a dress **of** pure silk（正絹のドレス）

このように,of は材料の性質をそのまま保っている場合です。

from
　Bread is made **from** flour, water, and yeast.
　（パンは小麦粉と,水,イーストでできている）

from は原料の形などを保っていない場合です。

35 within

基本的意味は「〜以内に〔で〕」を表します。

時間，場所，関係のいずれでも，その「〜以内に，内側で」の関係を表します。with（ともに）＋ in（中に）です。

イメージは：「〜以内に〔で〕」 目的語 ◯「以内に（で）」

within 〜以内に（で）

1 時間

以内に
The job will be finished **within** a week.

期間の間に
They have won three election victories **within** the last decade.

2 場所

あるスペースの中・範囲内で
There are eight restaurants **within** five hundred yards of the hotel.
Hunting is not permitted **within** the park.
within reach
within sight / earshot

3 関係

社会・組織の中で
changes **within** the department
限度内で
We have to operate **within** the law.
心の中で
She felt a stab of pain deep **within** her.

解説

時間・場所・関係の始めから終わりまでに焦点をあてて「以内に」を意味します。終わりだけに焦点をあてる場合には by the end of を用います。

1 時間

「以内に」

The job will be finished **within** a week.

（作業は1週間以内に終わるでしょう）

参考　We need to finish **by the end** of this week.

（今週末までには終えなければならない）

☞ 物事の終わりに焦点をあてた表現。

期間の間に

They have won three election victories **within** the last decade.

（彼らはここ10年間で3回選挙に勝っている）

2 場所

あるスペースの中・範囲内で

There are eight restaurants **within** five hundred yards of the hotel.

（ホテルから500ヤード以内にレストランが8軒あります）

Hunting is not permitted **within** the park. （公園内は狩猟禁止です）

within reach （手の届くところに）

within sight／earshot （見える〔聞こえる〕所に）

3 関係

社会・組織の中で

changes **within** the department （部内の変更）

限度内で

We have to operate **within** the law.

（法律の範囲内で営業をしなければならない）

心の中で《文》

She felt a stab of pain deep **within** her.

（彼女は心の奥底に突き刺さるような痛みを感じた）

VII　まとまりを示す of, with, within, without

● イディオム

「〜以内で」の前に to が加わった意味と考えられます。
 to within「（〜以内という）限度までに」
 to within 1 second / 10 centimeters（1 秒〔10 センチ〕以内の誤差で）
The clock is accurate **to within** one-twentieth of a second.
（この時計は誤差が 20 分の 1 秒以内という精度です）

> 実例を読んで確認してみよう！

(**1**) Serving alcoholic beverages is prohibited within the precincts of the cathedral.
（大聖堂の境内ではアルコール飲料の提供は禁じられています）

・**within** the precincts … 場所（境内）「の中では」（２）

(**2**) "When can I get the test results?"
"Be patient. You'll have them within twenty-four hours."
（「テストの結果はいつ頂けますか？」「（忍耐して）待っていて。24時間以内にあげますよ」）

・**within** … hours 時間の「以内に」（１）

(**3**) "The government says it is planning to build a superhighway through these suburbs. Won't that have a terrible effect on air quality around here?"
"Don't worry. There's lots of opposition to that highway. It won't get built within your lifetime!"
（「政府はこの郊外を通るスーパーハイウェーの建設を計画しているという。このあたりの大気にひどい影響を与えるのではなかろうか？」「心配するな。そのハイウェーには反対がたくさんある。生きているうちに建設されはしないよ」）

・**within** your lifetime 時間の「以内に」（１）

(**4**) "What a hot summer!"
"Yes, I heard on the news that there haven't been temperatures like this within living memory."
（「なんて暑い夏だ！」「まさに。ニュースで，こんな気温は記憶にないと言っていた」）

・**within** living memory 記憶の範囲「以内に」（１）

(**5**) When I was in college, some students were so angry about social problems that they believed the government should be removed by force. I understood their feelings, but I have always thought that we should try to change things by working within the system.

(大学在学中のこと，ある学生達は社会問題に激昂して政府を力で倒すべきと信じていた。彼らの感情はわかったが，私は制度の中で事を運んで変化を起こすよう努めるべきだといつも考えてきている)

・**within** the system　制度の「中で」（3）

36 without

基本的意味は「～なしで」を表します。

① 物・人・感情など「～のない，～なくて」，② 動名詞・名詞などで表される行為を「することなしで」となります。

イメージは：「～なしで」

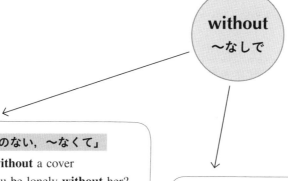

1 「～のない，～なくて」

a book **without** a cover
Won't you be lonely **without** her?
He told his story **without** anger or bitterness.

2 「～をすることなしで」

He answered **without** lifting his head.
Without any warning, he started shooting at us.

VII まとまりを示す of, with, within, without

> 解説

1 「〜のない，〜なくて」

without の後には，物，人，感情などが使われます。

a book **without** a cover（表紙のない本）

After the storm we were **without** electricity for five days.
（あらしのあと 5 日間停電になった）

Won't you be lonely **without** her?
（彼女がいなくて寂しくならない？）

We couldn't have achieved all this **without** you.
（君がいなければこういったことは達成できなかっただろう）

He told his story **without** anger or bitterness.
（彼は怒りや恨みを表に出すことなく話をした）

2 「〜をすることなしに」

動名詞，行為を表す名詞が後に続きます。

He answered **without** lifting his head.
（彼は顔を上げずに返事をした）

Without any warning, he started shooting at us.
（彼は何の警告もなしにこっちに向かって撃ち始めた）

> イディオム

「〜なしに」が慣用的に用いられています。

❶ **without wishing/wanting to do** sth ［批判・不利などを和らげるための前置きとして］「…したいわけではないのですが，失礼ながら」

Without wishing to hurt your feelings, I think you need to practice more.
（こう言うのも何だけど，君はもっと練習すべきだと思うよ）

❷ **not without** sth《フォーマル》「〜がないわけではないが，多少は〜があって」

We finally finished the job, **not without** some difficulty.
（多少の困難がなかったわけではないが，ようやく仕事が終わった）

実例を読んで確認してみよう！

(**1**) You mean you're planning to quit the team? What will we do without you?

(チームをやめるんだって？ 君なしでどうしたらいいんだ)

- **without**「〜なしで」(①)

(**2**) It is difficult to carry out fundamental research in science without public or private funding. Such research is costly, and besides it's not likely to result in any direct profit.

(科学の基礎研究は公的あるいは私的な財政的援助なしに行うことは難しい。そのような研究は多大な経費を必要とし，その上，直接の収益という結果は期待できそうにないから)

- **without** ... funding　財政的援助「なしに」(①)

(**3**) Without saying a word, the librarian disappeared into the stacks. I wondered if he had understood what I wanted him to do.

(一言も言わずに，図書館員は書庫の中へと消えた。私がしてほしいと思っていることを理解したのだろうか)

- **without** saying ...　動名詞を目的語に「〜することなしに」(②)

比較のトピック within, without

　同じ with を使って，**within** は「〜以内で」の意味で，時間，場所の範囲を示し，**without** のほうは，「〜なしで」となります。

　with ＋ in
　with ＋ out

の対比で覚えましょう。

　We should have the test results **within** 24 hours.
　（24 時間以内に検査結果がわかるはずだ）
　They drove off **without** delay.
　（彼らはすぐに車で走り去った）

目的を表す

for

against

37 for

基本的意味は「目的」を表します。「目的」を，文の中でどう位置づけるかにより，①方向（〜のために），②時間（必要な時間），③関係（必要な限定）の3つに分けて考えます。

イメージは：「目的」 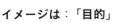 心♥が目的語○「のために」，あるいは「向かって」

for
目的

② 時間
Bake the cake **for** 40 minutes.
for weeks / months / years
for a while

① 方向：「〜のために」

ⓐ 受け手
I have a present **for** you.
We need new batteries **for** the radio.
Let me lift that box **for** you.

ⓑ 「〜に対する支持」
How many people voted **for** the proposal?
Are you **for** us or against us?

ⓒ 「〜に対する気持ちとして」
He has a lot of respect **for** his teachers.
I feel sorry **for** them.

ⓓ 事物の目的
a knife **for** cutting bread

ⓔ 「〜という機会のために」
My parents bought me a bike **for** Christmas.
What would you like to do **for** your birthday?

③ 関係

ⓐ 行く先・距離
the next train for Tokyo.
We walked **for** miles.

ⓑ 価格
a check **for** a hundred dollars

ⓒ 基準に対して
It's cold **for** this time of year.
She's the ideal person **for** the job.

ⓓ 「〜を表して」
What's the Spanish word **for** "thank you"?

ⓔ 「〜を代表して」
I know I speak **for** everyone here.

ⓕ 「〜の原因で」
I can't see anything **for** the fog.

ⓖ 責任・義務・権利
If he was murdered, it's a matter **for** the police.

解 説

1 方向：「〜のために」

ⓐ **受け手**

I have a present **for** you.（君にプレゼントがあるんだ）

We need new batteries **for** the radio.（ラジオの電池を替えないと）

Let me lift that box **for** you.（ぼくがその箱を持ち上げてあげるよ）

What can I do **for** you?

（(店員が客に対して) いらっしゃいませ。いかがいたしましょうか）

The money will be used **for** educational purposes.

（お金は教育のために使われます）

☞ for you のように、「人のために」，for the radio「ある物の（機能の）ために」，for educational purposes「ある目的のために」という，受け手や目的のためを表します。

ⓑ **「〜に対する支持」**

How many people voted **for** the proposal?

（その提案に賛成票を投じた人は何人いましたか）

Are you **for** us or against us?

（君は僕たちに賛成なのかい，それとも反対なのかい？）

☞ 支持は，for the proposal「提案に対して」，for us「我々に対して」となります。

ⓒ **「〜に対する気持ちとして」**

He has a lot of respect **for** his teachers.（彼は教師を大いに尊敬している）

I feel sorry **for** them.（彼らのことを気の毒に思う）

☞ for の後の人などに対する気持ちを表す表現です。

ⓓ **「〜のために」（目的）**

a knife **for** cutting bread（パン切りナイフ）

ⓔ **「〜という機会（のため）に」**

My parents bought me a bike **for** Christmas.

（両親がクリスマスに自転車を買ってくれた）

What would you like to do **for** your birthday?（誕生日には何がしたい？）

☞ クリスマス，誕生日などの「機会（のため）に」を表します。「時間」と「目的」が結びついています。

2 時間（必要な時間）

Bake the cake **for** 40 minutes. （ケーキを 40 分間焼きます）
for weeks/months/years （何週間〔何か月，何年〕もの間）
for a while （しばらくの間）

3 関係（必要な限定）

ⓐ 行く先・距離

the next train **for** Tokyo （東京行きの次の電車）
We walked **for** miles. （何マイルも歩いた）

ⓑ 価格

a check **for** a hundred dollars （100 ドルの小切手）
How much do they want **for** the car? （その車の売値はいくらですか）

ⓒ 基準に対して

It's cold **for** this time of year. （この時期にしては寒い）
She's very tall **for** her age. （彼女は年齢の割りには背がとても高い）
She's the ideal person **for** the job. （彼女はその仕事にうってつけの人物だ）
Those pants are too long **for** you. （そのズボン，君には長すぎるよ）

☞ ある基準を for の後において，その基準に対して「〜である」と示します。基準は this time of year「この時期にしては」，for her age「彼女の年齢にしては，〜の割に」，for the job「その仕事には」，for you「君には」など。

ⓓ 「〜を表して」

What's the Spanish word **for** "thank you"?
（スペイン語で「ありがとう」は何と言いますか）

ⓔ 「〜を代表して」

I know I speak **for** everyone here.
（お集まりのみなさんを代表して申し上げます）

ⓕ 「〜の原因で」

I can't see anything **for** the fog. （霧のせいで何も見えない）
I dared not speak **for** fear of waking the children.
（子供たちを起こすといけないので声を立てなかった）

ⓖ 責任・義務・権利

If he was murdered, it's a matter **for** the police.
（彼が殺されたのであれば，警察が扱う問題だ）

➡️ イディオム

イディオムとされますが，下記のように，for のそれぞれの意味の延長線上にあります。

「〜に対して」の後に続く語句が基準（3 ⓒ）と関係

❶ **for all** 〜「〜を考慮しても」
 For all her faults, Rachel was a wonderful friend.
 （欠点があるにしてもレイチェルはすばらしい友人だった）

❷ **for all** sb **knows**《話》「(人) の知るかぎりでは」
 For all I know, she could be lying.
 （私の知る限り，彼女はうそをついている可能性もある）

❸ **for each / every** sth / sb「(割合を表して) 1 つ〔1 人〕の (…) につき」
 For every person who agrees, there are five people who disagree.
 （賛成者 1 人に対して 5 人の反対者がいる）

「(〜という) 期間（2）」に対する関係

❹ **for now**「とりあえず，当分は」
 Put the photos in a drawer **for now**.
 （とりあえず，写真は引出しにしまっておきなさい）
 ☞ 「今」という「期間」が念頭にあります。

目的：基本的意味の目的「〜のための」の用法。冠詞がないことに注意。

❺ **for sale / rent / hire**「売り物で〔賃貸用で，雇うことができて〕」
 Is this picture **for sale**? （この写真は売り物ですか）

❻ **for yourself**「自分で」
 I went to see **for myself** what was happening.
 （何が起こっているかを自分の目で見に行った）

❼ **for all** …「… がほとんどないことを考えると」
 For all the good I did, I shouldn't have even tried to help.
 （ほとんど役に立たなかったことを考えると，そもそも手伝おうとすべきではなかった）
 ☞ 直訳すると「私がやったすべてのことに対して，それにもかかわらず…」。

VIII 目的を表す for, against

> 実例を読んで確認してみよう！

(1) "I saw you put some coins in the box that Boy Scout is holding. What is he collecting money for?"
"A program to train seeing-eye dogs. I made a small donation."
"I see. We should all try to give as much as we can for good causes."
（「あのボーイスカウトが持っている箱の中にあなたが硬貨を入れたのを見たよ。何のための募金？」「盲導犬の訓練のための資金だよ。ぼくはほんのちょっと寄付をしたよ。」「そうか。いい目的のためにはできるだけの寄付をしようとすべきだね」）

・What is he collecting money **for**?　for の目的語は what。「なんのため」（1 ⓐ）
・**for** ... causes　目的「のために」（1 ⓐ）

(2) In Japan, Valentine's Day is a day when women show their feelings for men by giving gifts, usually chocolate. A month later, on March 14, men give the women a return gift of white chocolate.
（日本ではバレンタイン・デーは女性が男性に，たいていはチョコレートの贈り物をして，気持ちを表す日です。ひと月後，3月14日に男性がホワイト・チョコレートのお返しをします）

・**for** men　男性「に対する」気持ちを表して。（1 ⓒ）

(3) There was much discussion about the construction of the bridge over the river. Some people were for it and others were against it. Those who were for it emphasized the importance of easing traffic congestion on the narrow local roads. Those who opposed it thought it more important to protect the natural environment along the riverbank.
（その川に橋を架けることについてたくさんの議論がなされました。ある人たちは賛成で，他の人たちは反対でした。賛成者は狭い地方道路の交通混雑の緩和の重要性を強調しました。反対者は川岸に沿っての自然環境を保護するのがより重要と考えました）

・**for** it 橋の建設を「支持する，賛成の」（1 ⓑ）

(**4**) Thanksgiving is a day for remembering all the good things in our lives. It is a day when we should feel grateful for what we do have rather than grumble about the things we wish we had.
(サンクスギビングは我々の暮らしの中のすべてのよいことを思い起こす日です。あったらいいなと望むものがないのだと不平を言うのではなく，持っているものを感謝すべきです)

・**for** remembering 思い起こす「ための」動名詞を目的語に。（1 ⓓ）
・**for** what ... 持っている物「に対して」名詞節を目的語に。（1 ⓒ）

38 against

基本的意味は「反対・対抗して」を表します。
①反対・対抗と，②（場所に）寄りかかって，ぶつかって，として考えましょう。

イメージは：「反対・対抗して」

目的語○に「反対に，ぶつかって」

1 反対・対抗

ⓐ 行動で
Every council member voted **against** the proposal.
I am **against** all forms of violence.
争って
the war **against** the rebels

ⓑ 不利な関係
The weather was **against** us.

ⓒ 主義・意志・忠告・力に反して，行為を禁止して
It's **against** my principles to borrow money.
Martin made a trip **against** the advice of his doctor.
protection **against** the sun's harmful rays

ⓓ 対比
The pound has fallen 10% **against** the dollar.

2 場所

ⓐ （場所に）寄りかかって，ぶつかって
He was leaning **against** a tree.
the sound of the rain **against** my window

ⓑ 反対方向に
We had to sail **against** the wind.

解説

1 反対・対抗

ⓐ 行動で

Every council member voted **against** the proposal.
(会議のメンバーは全員その提案に反対の票を投じた)

I am **against** all forms of violence. (私はあらゆる形の暴力に反対です)

争って

the war **against** the rebels (反乱軍との戦争)

Tate was on the team that played **against** Australia.
(テートはオーストラリアと対戦したチームにいた)

ⓑ 不利な関係

The weather was **against** us. (天候は私たちに不利だった)

serious accusations **against** the president (大統領に対する厳しい非難)

ⓒ 主義・意志・忠告・力に反して，行為を禁止して

It's **against** my principles to borrow money. (借金は私の主義に反する)

Martin made a trip **against** the advice of his doctor.
(マーティンは医師の忠告を無視して旅行に出かけた)

protection **against** the sun's harmful rays (有害な太陽光線からの保護)

We need stricter laws **against** drinking and driving.
(飲酒運転を禁止するいっそう厳しい法律が必要だ)

ⓓ 対比

The pound has fallen 10% **against** the dollar.
(ポンドはドルに対して10パーセント下落した)

There were 35 men as **against** only 6 women.
(女性が6人しかいなかったのに対し，男性は35人いた)

2 場所

ⓐ (場所に) 寄りかかって，ぶつかって

He was leaning **against** a tree. (彼は木に寄りかかっていた)

the sound of the rain **against** my window (窓に当たる雨の音)

ⓑ 反対方向に

We had to sail **against** the wind.
(我々は風に逆らって航行しなければならなかった)

◆ イディオム

　基本的意味の「反対・対抗」から推測できます。後にくる語句の示す事態・考えなどにぶつかって「反対・対抗」すると考えましょう。

❶ **be/come up against** sth「(困難や反対などに) ぶつかる」
　They've **come up against** a lot of prejudice.
　(彼らは多くの偏見にぶつかった)

❷ **have nothing against** sb/sth [**not having anything against** sb/sth とも]「(人) が気に入らないわけではないが，(...) に特に反対はしないが」
　I **don't have anything against** computers—I just don't think I need one.
　(コンピュータに特に反対はしないが，ただ単に自分には必要ないと思っている)

実例を読んで確認してみよう！

(**1**) "Could you turn on the TV? I want to watch the baseball game."
"Which teams are playing?"
"It's the Giants against the Carp."
"Really? I think it's more interesting when a Central League team plays against a Pacific League team."
（「テレビをつけてね。野球の試合を見たいから」「どのチームの試合？」「巨人対広島」「本当？ セントラルリーグのチーム対パシフィックリーグのチームの試合のほうがもっと面白いと思うね」）

- the Giants **against** the Carp「巨人対広島」対抗。(① ⓐ)
- play **against** 〜「〜に対抗して」(① ⓐ)

(**2**) "There were two more terrorist incidents on the TV news this morning. Everywhere it seems as though one group is against some other group. What is the world coming to?"
"I know. I hate it when people use terrorist tactics against other people. I'm against all forms of violence."
（「今朝のテレビのニュースでまたテロ事件が２つあった。あっちでもこっちでも，あるグループがもう１つのグループとぶつかっているみたいだ。世界はどうなるんだろう？」「そうだね。人々がテロの戦略を他の人々に使うのは全くいやだ。私はすべての形の暴力に反対だ」）

- **against** some other group / other people「反対の」(① ⓐ)
- I'm **against** 〜「〜に反対だ」(① ⓐ)

(**3**) "Oh, listen to that rain beating against the window! Just when I have a holiday and we've planned an outing."
"Well, the forecast was against us from the beginning. I guess we'd better just stay home and finish some chores here."
（「ああ，窓にたたきつける雨の音を聞いてよ。休日で遠足を計画していたのに」「まあ，初めから予報は不利だったね。家にいて，ここで家事をしてしまったほうがよさそうね」）

VIII　目的を表す for, against

- beating **against** the window「窓に対してたたきつけるようにあたる」(②ⓐ)
- **against** us「我々の計画・希望に対して反対に不利に」(①ⓑ)

(4) The two leaders announced that their governments would cooperate in the war against drugs.
　　(その2人の指導者は彼らの両政府が麻薬撲滅の戦いで協力すると宣言した)

- the war **against** drugs「麻薬に対し禁止の戦い」(①ⓒ)

比較のトピック for, against

for と against は，反義語の対です。基本的意味には，for は「目的」，against は，「反対・対抗」となりますが，ここから派生して，かなり多数の意味があります。

for

for は，総じて，対象に対する好意，支持の特徴があり，転じては，時間，距離，基準などには「〜にわたって」，「表して」などの意味があります。

against

against は，反対に，「反対・対抗，不利な関係」などを表します。場所については，ここでも「ぶつかって」，「反対方向に」などと特徴を示します。

IX

「〜について」の

about

39 about

基本的意味は「(話題) について，関して」です。
②「場所」(〜のあちこちに) も表しますが，中心は ①「関連」(〜について (の)，関して) です。

イメージは：「〜について (の)，関して」

目的語○
「について (の)，
関して」

about
〜について，
関して

1 関連

ⓐ 「〜について (の)，関して」
a book **about** politics
They talked **about** music.
What are you so mad **about**?
ⓑ 目的・意義に関して
My job is all **about** helping people.

2 場所

「〜のあちこちに (を)」
Books were scattered **about** the room.
We spent the afternoon wandering **about** the city. (= around)

解説

1 関連

ⓐ 「〜について(の), 関して」

対象となるものの範囲は広く, 次の例に示すようにさまざまです。

a book **about** politics (政治学に関する本)

They talked **about** music. (彼らは音楽について話した)

What are you so mad **about**?

(何をそんなに怒っているの?)

What did you like **about** the book?

(その本のどこが気に入りましたか)

I'm sorry **about** the mess.

(ちらかっていてすみません)

☞ 上の文では, about の意味は「一般的な関心」と説明されます。

[参考] 対照的に, on は本, 講演, 会議などのテーマについて多用されます。

a book **on** China (中国に関する本)

ⓑ 目的・意義に関して

My job is all **about** helping people.

(私の仕事の目的は人助けにある)

To me, art is **about** expressing emotions.

(私にとって芸術とは感情の表現だ)

2 場所

「〜のあちこちに(を)」

Books were scattered **about** the room.

(本が部屋じゅうに散らかっていた)

We spent the afternoon wandering **about** the city. (= around)

(午後はその町をぶらついて過ごした)

イディオム

about は, 「〜について(の), 関して」と話題を示すところから, 下記のイディオムが生まれています。

❶ **do something about** sth「(問題など)に対して(何らかの)手を打つ, に

対処する」
　　Can't they **do something about** the traffic problem?
　　(交通問題に何か手を打てないのか)

❷　**what / how about ...?**《話》
1.「(相手の注意を喚起して) ... はどうですか, ... はどうしましたか」
　　I'm hungry. **How about you?**
　　(おなかがすいた。君はどう？)
2.「(提案して) ... はいかがですか, ... してはどうですか」
　　How about salad for lunch?
　　(昼食にサラダはいかがですか)

実例を読んで確認してみよう！

(**1**) "Please don't pace about the room like that. I can't think when you are making so much noise."

"All right, all right. It's nothing to get so upset about. I can think better when I'm moving!"

（「そんなに部屋を歩き回らないでくださいな。あなたがそんな大きな音をたてていると私は考えることができないのです」「いいよ。いいよ。そんなにうろたえることじゃないよ。動いているとよく考えられるんだ」）

- pace **about** the room「部屋をあちこち歩きまわる」(②)
- nothing … **about** about の目的語は nothing。それ「についてうろたえることではない」(①ⓐ)

(**2**) "What are you writing?"

"An article about Japanese history. Well, to be more exact, I'm doing research on the fall of the Kamakura government."

（「なにを書いているの？」「日本史についての論文。ああ，より正確には鎌倉幕府の崩壊について研究をしています」）

- article **about** ～「～についての論文」(①ⓐ)「より正確には」とあって，特定する場合には on the fall of … と，on を使っていることに注意。

(**3**) "Ted was talking about moving to some island. Do you know anything about it?"

"No, but I know he isn't happy with the job he has now. I think he wants to make a fresh start in a place where he can do something meaningful for the environment."

（「テッドがどこかの島へ移住することを話していた。何か知っているかい？」「いいえ，でも彼は今の仕事に満足していないんですね。自然環境に関して何か意味のあることができるところで，新たな出発をしたいのだと思いますよ」）

- talk **about** ～「～について話す」(①ⓐ)
- **about** it「それについて」(①ⓐ)

比較のトピック about, on

両者とも「〜について」を表しますが，結びつきの度合いに違いがあります。

about

on

about は，「〜について（の），関して」と話題を表します。

　　She is always talking **about** you.　(LEE)
　　（彼女はいつもあなたのことを話しています）
　　In her novels she writes **about** life in South Africa.　(LEE)
　　（彼女の小説では南アフリカの生活について書いています）

on は，より限定したはっきりした話題について述べる場合です。

　　a book **on** English grammar　(LEE)
　　（英文法の本）
　　a report **on** poverty in rural areas　(LEE)
　　（田舎における貧困の報告）

on の基本的意味は「接触」なので，直接的な関係を意味するのに対し，about はいくらかゆるい関係を含みます。

練習問題

練習問題 1

かっこの中に，最も適当な前置詞を入れなさい。

　After studying (　1　) a year at a high school (　2　) the United States, Tami came back (　3　) Yokohama and found her old classmates working hard to prepare for college entrance exams. Immediately Tami began studying hard, too, because she has a definite aim (　4　) her future. (　5　) graduating (　6　) a Japanese university, she wants to return to the U.S. and continue studying. Her goal is to work for the United Nations.

(米国の高校で1年勉強した後，多美は横浜に帰ると，もとの級友たちが大学受験準備のために猛勉強をしているのを見出しました。多美はすぐに猛勉強を始めました。将来に向けてはっきりした目標をもっているので。日本の大学を卒業後，米国へ戻って勉強を続けたいと望んでいます。彼女の目標は国連の仕事をすることです)

(1)　for　期間を表す。(2)
(2)　in　場所を表す。(1 ⓐ)
(3)　to　到達点を表す。(1 Ⓐ ⓐ)
(4)　for　目的「～に向けて，～のために」(1 ⓒ)
(5)　After　「～した後で」(1 ⓑ)
(6)　from　「～から」(1 ⓐ) graduate from はイディオム。

練習問題 2

かっこの中に，最も適当な前置詞を入れなさい。

The plane stopped (　1　) Narita on its way to Seoul. When it landed, June looked (　2　) her watch. It was 3:30. The plane had arrived exactly on time.

(　3　) getting (　4　) the plane, she had to wait in line to get (　5　) customs and immigration. At the exit, her former college roommate, Miwa, was waiting for her. June was to spend a few days (　6　) her in Tokyo.

Though they hadn't met (　7　) ten years, June didn't think Miwa had changed at all. They got (　8　) the Narita Express and sat down. Then, (　9　) the train going along at 100 mph, they got into such an animated conversation that they almost forgot to get off (　10　) Tokyo Station.

（航空機はソウルへの途上，成田にとまった。着陸したとき，ジューンは時計を見た。3時30分。まさに定刻の到着だ。

機から降りて，彼女は税関と入国審査を通るために列に並んで待たなくてはならなかった。出口で，大学のルームメートだった美和が彼女を待っていた。ジューンは美和と東京で2，3日過ごすことになっていた。

10年も会っていなかったが，ジューンは美和がちっとも変っていないと思った。彼女たちは成田エクスプレスに乗って，席に着いた。そして，列車が時速100マイルで進むなか，はずむ話に夢中で，もうちょっとのところで東京駅で降りるのを忘れるところだった）

(1)　at　場所の「で」（①ⓐ）
(2)　at　時計「（に向かって，それ）を」（①ⓑ）
(3)　After　時間の「〜した後で」（①ⓑ）
(4)　off　「〜から離れて，下りて」（イディオム）

197

(5) through　場所の「〜を通って」(①ⓐ)
(6) with　まとまり「〜とともに」(①ⓐ)
(7) for　期間「〜の間」(②)
(8) on　「〜に乗って」(①ⓖ)
(9) with　「〜という状況で」付帯状況 (②ⓒ)
(10) at　場所の「で」(①ⓐ)

練習問題 3

かっこの中に,最も適当な前置詞を入れなさい。1つの前置詞は1回のみ使い,繰り返さないこと。

Crows are very intelligent birds. Golfers know that crows like to dive (1) golf balls and fly away (2) them. Sometimes several crows compete with each other to get (3) a ball when it is (4) the ground or even (5) the air. They cry loudly all the while. Are these crows playing rugby or soccer? Sometimes a crow will push a golf ball forward, hopping (6) it, and then push it again. Crows enjoy golf in their own way.

(カラスは大変賢い鳥です。ゴルファーはカラスがゴルフボールめがけて飛び込み,つかんで飛び去るのが好きだと知っています。時には,数羽のカラスが土の上や,時には空中のボールでさえ取ろうと目がけて競います。彼らはその間大声で叫んでいます。ラグビーかサッカーをしているのでしょうか。時には,カラスは後ろからひょいと跳んで,ゴルフボールを転がし,また,それを押していることがあります。カラスは独自のやり方でゴルフを楽しんでいるのです)

(1)　at　「〜を目がけて」(1 ⓑ)
(2)　with　「〜を持って」(1 ⓑ ⅱ)
(3)　to　到達点「〜へ」(1 Ⓐ ⓐ)
(4)　on　場所「〜上の」(1 ⓐ)
(5)　in　場所「〜の中の」(1 ⓑ)
(6)　after　場所「〜の後を」(2 ⓑ)

練習問題 4

かっこの中に，最も適当な前置詞を入れなさい。

Did you know that the greenhouse effect helped to create life millions (1) years ago? It did this (2) creating a giant blanket, or greenhouse (3) the earth. The greenhouse effect traps gases, particularly CO_2, (4) the earth's atmosphere. CO_2 allows the sun's ray to pass (5) it, and these rays warm the earth's surface. What is interesting, however, is something else. The earth gives off heat, but some of this heat remains in the earth's atmosphere. This is because the heat which the earth gives off is (6) the form of infrared rays. CO_2 allows the sun's rays to pass through it, but it traps infrared rays. This is what created the blanket effect and the warm conditions which allowed life to grow (7) the earth.

(何百万年も前に温室効果がどのような方法で生命を作り出す助けをしたのか知っていますか？ 温室効果は地球の周りに巨大な毛布，つまり温室，を作ることによって，このことを成し遂げたのです。温室効果は地球の大気中に気体，特に二酸化炭素（炭酸ガス）を閉じ込めます。二酸化炭素は太陽光が大気を通ることを許し，太陽光は地球の表面を温めます。しかし，注目すべきことは別のことです。地球は熱を放散しますが，その一部は大気中に残ります。なぜなら，地球が放散するのは赤外線の形をとるからです。二酸化炭素は太陽光を通しますが，赤外線は閉じ込めます。これが温暖化と，生命が地上に育つのを許す条件を作ったのです）

参考 「何百万年前」と過去の事実を述べる時には，動詞の過去形を，科学的に認められている事実を述べるときには，現在形を使っていることに注意。

(1) of　量・数の構成（2 ⓐ ⅱ）
(2) by　手段で（1 ⓑ）
(3) around　場所「を囲んで」（1 ⓐ）
(4) in　場所「の中に」（1 ⓑ）

(5)　through　空間「を通って」（1 ⓐ）
(6)　in　状態「(の中) で」（3 ⓑ）
(7)　on　場所「の上に」（1 ⓐ）

あとがき

　この本に取り組んだきっかけは，2つの遭遇の重なりでした。
　その1つは，ロングマン英和辞典の製作に編集顧問委員会の一員として，全面的にかかわったことです。原稿の段階で，ほとんど全部を読んで，コメントしました。この辞典は膨大なコーパスの分析に基づいて作られたので，用例の自然さ，面白さに魅了されました。ただ，その中で，名詞，動詞，形容詞，副詞などの内容語は，それぞれに理解しやすいのに比べて，前置詞のたくさんの意味と用例の配列の難しさを痛感していました。
　その間，前置詞に関する研究書を何冊か読み，前置詞をどう扱ったら良いかと考えていた折，「はじめに」に挙げた研究書の1冊 Seth Lindstromberg 著 *English Prepositions Explained*（以下 EPE と表記）に出会いました。これは研究書ですので，綿密に細にわたり前置詞を分析しています。一方，私は，実際に使える知識としてまとめたいと考えていましたが，この本のアイディアに啓発され，ヒントを得ました。それぞれの前置詞に基本的意味を設定し，これを出発点とした意味の分岐，提示です。
　ロングマン英和辞典の実例文を使い，EPE のアイディアを，簡易化して実際に学習の役にたてる分析を表示したいと考えるに至りました。基本文とその分類と配列の提示を，基本文はイメージ化の図示，分類は枝分かれ図によってはっきりさせ，前置詞の理解も使用も効果的にする方法としました。
　作成は辞書の編集のような作業ですので，本の製作にあたっては，多くの方々に大変な仕事をお願いする結果になりました。
　出版を引き受けてくださった開拓社，編集の複雑な仕事を総括していただいた川田賢氏，資料を頂いたロングマン社に感謝申し上げたく存じます。また，その過程で，校訂，助言すべてにわたって関わってくださった森永訓光氏，「英文を読んで確認してみよう！」の英文作製に協力いただいた Mary Althaus 津田塾大学名誉教授，EPE を読書会でともに検討していただいた中村英子氏，相沢佳子氏の協力にお礼を申し上げたく存じます。

索　引

about　190-193, 194
above　51-54, 55-56
across　76-79
against　182-186, 187
after　128-133, 138
along　80-82
among　115-117, 122
around　83-86
at　2-6, 21-23

before　134-137, 138
behind　87-90, 95
below　57-59, 71
between　110-114, 122
beyond　91-94, 95
by　144-148, 149

down　65-67, 71
during　123-125

for　176-181, 187
from　35-39, 43, 165

in　15-20, 21-23, 28
inside　105-107

into　24-27, 28

near　96-98, 108

of　152-157, 165
off　99-101, 108
on　7-14, 22-23, 55-56, 194
outside　102-104, 108
over　46-50, 55-56

since　142-143

through　118-121, 122
to　30-34, 43
toward　40-42, 43

under　60-64, 71
until　139-141, 149
up　68-70, 71
upon　72-73

with　158-164, 165
within　166-170, 174
without　171-173, 174

著者紹介

上田　明子（うえだ・あきこ）

津田塾大学名誉教授。
津田塾大学卒業，ミシガン大学 M. A., テキサス大学 Ph.D. (linguistics)。
NHK ラジオ基礎英語担当（1983-86 年度）。

・著書
『話せる英語術』岩波書店同時代ライブラリー，1995。
『英語の発想　明快な英文を書く』同ライブラリー，1997。
『日本人はなぜ英語に弱いのか——達人たちの英語術』（共著）教育出版，2003。

・文部省検定教科書（共著）
Everyday English 1, 2, 3. Aurora 1, 2, 3　中教出版。
One World English Writing（校閲）教育出版。

・辞書（共著）
『ルミナス和英辞典』，『ライトハウス和英辞典』研究社。
『ロングマン英和辞典』（編集委員・校閲）ピアソン・エデュケーション。

イメージ感覚で捉える　英語の前置詞
——39の前置詞を集中マスター——

〈一歩進める 英語学習・研究ブックス〉

2018 年 5 月 28 日　第 1 版第 1 刷発行 ©

著作者　上 田 明 子
発行者　武 村 哲 司
印刷所　日之出印刷株式会社

発行所　株式会社　開 拓 社

〒113-0023 東京都文京区向丘 1-5-2
電話　（03）5842-8900（代表）
振替　00160-8-39587
http://www.kaitakusha.co.jp

ISBN978-4-7589-1204-4　C0382

JCOPY ＜出版者著作権管理機構　委託出版物＞
本書の無断複製は，著作権法上での例外を除き禁じられています。複製される場合は，そのつど事前に，出版者著作権管理機構（電話 03-3513-6969，FAX 03-3513-6979, e-mail: info@jcopy.or.jp）の許諾を得てください。